# Basiswissen Psychologie

**Herausgegeben von**
J. Kriz, Osnabrück

Die Lehrbuchreihe im VS Verlag: Das Basiswissen ist konzipiert für Studierende und Lehrende der Psychologie und angrenzender Disziplinen, die Wesentliches in kompakter, übersichtlicher Form erfassen wollen.

Eine ideale Vorbereitung für Vorlesungen, Seminare und Prüfungen: Die Bücher bieten Studierenden in aller Kürze einen fundierten Überblick über die wichtigsten Ansätze und Fakten. Sie wecken so Lust am Weiterdenken und Weiterlesen.

Neue Freiräume in der Lehre: Das Basiswissen bietet eine flexible Arbeitsgrundlage. Damit wird Raum geschaffen für individuelle Vertiefungen, Diskussion aktueller Forschung und Praxistransfer.

**Herausgegeben von**
Prof. Dr. Jürgen Kriz
Universität Osnabrück

**Wissenschaftlicher Beirat:**
Prof. Dr. Markus Bühner
Ludwig-Maximilians-Universität
München

Prof. Dr. Jochen Müsseler
Rheinisch-Westfälische
Technische Hochschule Aachen

Prof. Dr. Thomas Goschke
Technische Universität Dresden

Prof. Dr. Astrid Schütz
Otto-Friedrich-Universität Bamberg

Prof. Dr. Arnold Lohaus
Universität Bielefeld

Karl-Heinz Renner • Timo Heydasch
Gerhard Ströhlein

# Forschungsmethoden der Psychologie

Von der Fragestellung zur Präsentation

Karl-Heinz Renner,
Timo Heydasch,
Gerhard Ströhlein,
FernUniversität in Hagen,
Deutschland

ISBN 978-3-531-16729-9         ISBN 978-3-531-93075-6 (eBook)
DOI 10.1007/978-3-531-93075-6

Die Deutsche Nationalbibliothek verzeichnet diese Publikation in der Deutschen Nationalbibliografie; detaillierte bibliografische Daten sind im Internet über http://dnb.d-nb.de abrufbar.

Springer VS
© VS Verlag für Sozialwissenschaften | Springer Fachmedien Wiesbaden 2012
Das Werk einschließlich aller seiner Teile ist urheberrechtlich geschützt. Jede Verwertung, die nicht ausdrücklich vom Urheberrechtsgesetz zugelassen ist, bedarf der vorherigen Zustimmung des Verlags. Das gilt insbesondere für Vervielfältigungen, Bearbeitungen, Übersetzungen, Mikroverfilmungen und die Einspeicherung und Verarbeitung in elektronischen Systemen.

Die Wiedergabe von Gebrauchsnamen, Handelsnamen, Warenbezeichnungen usw. in diesem Werk berechtigt auch ohne besondere Kennzeichnung nicht zu der Annahme, dass solche Namen im Sinne der Warenzeichen- und Markenschutz-Gesetzgebung als frei zu betrachten wären und daher von jedermann benutzt werden dürften.

*Einbandentwurf:* KünkelLopka GmbH, Heidelberg

Gedruckt auf säurefreiem und chlorfrei gebleichtem Papier

Springer VS ist eine Marke von Springer DE.
Springer DE ist Teil der Fachverlagsgruppe Springer Science+Business Media
www.springer-vs.de

# Inhalt

**Vorwort und Übersicht** ........................................ 7

**1 Warum Methodenlehre in der Psychologie?** ................ 11
1.1 Fehler der Alltagspsychologie ............................. 12
1.2 Psychologie als Wissenschaft .............................. 16
1.3 Was gewinnen wir durch den Einsatz
 wissenschaftlicher Methoden in der Psychologie? ............. 18

**2 Idealtypischer Ablauf einer empirischen Untersuchung** ...... 21
2.1 Wahl einer Forschungsfragestellung ........................ 22
2.2 Theoretische Einbettung und Ableitung von Hypothesen ...... 25
2.3 Operationalisierung und Untersuchungsplanung ............. 27
2.4 Durchführung der Untersuchung und Datenerhebung ......... 32
2.5 Datenanalyse und Hypothesenprüfung ...................... 33
2.6 Interpretation und Diskussion der Ergebnisse ............... 40
2.7 Präsentation und Publikation .............................. 41

**3 Grundlagen des Messens und Testens
 in der Psychologie** ........................................ 45
3.1 Messen .................................................. 47
3.2 Skalenniveaus ............................................ 49
3.3 Gütekriterien des Messens und Testens ..................... 55
3.4 Datenquellen und Erhebungsmethoden ..................... 61

**4 Experimentelle Designs in der Psychologie** ................. 67
4.1 Was ist ein Experiment? ................................... 68
 4.1.1 Zwei exemplarische Studien .......................... 68
 4.1.2 Grundbegriffe und Varianten ......................... 70
4.2 Validitätskriterien in experimentellen Untersuchungen ........ 77
4.3 Interne Validität: Störvariablen und Kontrolltechniken ........ 82
 4.3.1 Versuchspersonen-Merkmale als Störvariablen ......... 83
 4.3.2 Versuchsleiter-Merkmale als Störvariablen ............ 86
 4.3.3 Situationsbezogene Störvariablen ..................... 87

| | | |
|---|---|---|
| **5** | **Korrelationsforschung** | 89 |
| 5.1 | Bivariate Zusammenhänge | 90 |
| 5.2 | Multivariate Zusammenhänge | 92 |
| | 5.2.1 Mehrere Prädiktoren und eine Kriteriumsvariable | 93 |
| | 5.2.2 Untersuchung von Moderator- und Mediatorhypothesen | 94 |
| | 5.2.3 Faktorielle Zusammenhänge | 96 |
| 5.3 | Pfadanalysen und Strukturgleichungsmodelle | 98 |
| | | |
| **6** | **Einzelfallstudien** | 103 |
| 6.1 | Was sagen gruppenstatistische Kennwerte über den Einzelfall aus? | 104 |
| 6.2 | Indikationen für Einzelfallstudien | 107 |
| 6.3 | Quantitative und qualitative Einzelfallstudien | 109 |
| | | |
| **7** | **Publizieren und Präsentieren** | 119 |
| 7.1 | Publikationen | 119 |
| | 7.1.1 Der Impact Factor | 121 |
| | 7.1.2 Qualifikationsarbeiten | 122 |
| | 7.1.3 Standards und Richtlinien | 123 |
| | 7.1.4 Eine Frage des Stils | 124 |
| | 7.1.5 Schreibblockaden und Schreibübungen | 125 |
| 7.2 | Der Vortrag | 126 |
| | 7.2.1 Der wissenschaftliche Vortrag | 127 |
| | 7.2.2 Das Vortragen | 128 |
| 7.3 | Poster und Poster Sessions | 129 |
| | | |
| **8** | **Ethische und rechtliche Aspekte psychologischer Forschung** | 131 |
| 8.1 | Gesetzliche Rahmenbedingungen | 131 |
| 8.2 | Ethische Richtlinien der DGPs und des BDP | 133 |
| 8.3 | Regeln guter wissenschaftlicher Praxis | 135 |
| | | |
| | Literaturverzeichnis | 139 |
| | Sachwortverzeichnis | 147 |

# Vorwort und Übersicht

In einer Vorlesung zum Thema „Psychologie als Wissenschaft", die der Erstautor dieses Buches als Psychologie-Student besucht hat, schrieb der Dozent (Dietrich Dörner) einige Fragen mit psychologischen Inhalten an die Tafel:

- Sind Glatzenträger besonders intelligent?
- Sind Männer in Mathematik besser als Frauen?
- Hängt der Körperbau mit dem Charakter zusammen?
- Macht Kriegsspielzeug aggressiv?

Dietrich Dörner bat uns dann zu beurteilen, ob sich diese Fragestellungen für die wissenschaftliche Psychologie eignen und wir wussten nicht so recht, was wir sagen sollten. Die Pointe dieser Übung war, dass sich jede der genannten Fragestellungen für die wissenschaftliche Psychologie eignet. Die Wissenschaftlichkeit lässt sich nämlich nicht allein am Untersuchungsthema selbst festmachen, sondern hängt ganz entscheidend davon ab, *wie* ein Thema untersucht wird. Das „Wie" des Umgangs mit einer Fragestellung bzw. der Untersuchung eines Themas, ist Gegenstand der Forschungsmethoden der Psychologie. Das Qualitätsmerkmal „wissenschaftlich" ist also von den eingesetzten Forschungsmethoden abhängig. Das große Interesse an der Psychologie in weiten Teilen der Bevölkerung ist aber sicher nicht auf die psychologischen Forschungsmethoden zurückzuführen, sondern auf die psychologischen Themen. Auch bei Psychologie-Studierenden zählen Kurse zu den Forschungsmethoden und zur Statistik in der Regel nicht zu den Lieblings-Lehrveranstaltungen. Wir möchten dieser reservierten Haltung entgegentreten, indem wir den zentralen Stellenwert der Forschungsmethoden für die wissenschaftliche Psychologie verdeutlichen und Interesse für die vielfältigen methodischen Wege zur Wissenschaftlichkeit wecken. Die Methoden der wissenschaftlichen Psychologie sind im Übrigen nicht nur für die Forschung, sondern auch für die angewandte psychologische Praxis von höchster Relevanz.

Das Buch gibt einen orientierenden Überblick zu den Forschungsmethoden der Psychologie und ist eine Art Vorspeise, die Appetit machen will auf mehr. Am Ende jedes Kapitels sind daher weiterführende Literaturempfehlungen angegeben. Nach unserer Auffassung ist es für das Verständnis psychologischer Forschungsmethoden unabdingbar, mehrere Methoden-Bücher anzuschaffen und durchzuarbeiten. Die verschiedenen Methoden-Lehrbücher überschneiden sich zwar inhaltlich; es ist aber für ein tieferes Verständnis der teils schwierigen Materie sehr hilfreich, dieselben Inhalte aus unterschiedlichen Darstellungsperspektiven zur Kenntnis zu nehmen – gerade dann, wenn Ihnen eine bestimmte Methode oder ein statistisches Verfahren nicht auf Anhieb klar geworden ist.

Das vorliegende Buch eignet sich als vorbereitende und begleitende Lektüre für Einführungsmodule in Bachelorstudiengängen der Psychologie, wie sie gemäß den Empfehlungen der Deutschen Gesellschaft für Psychologie vorgesehen sind. Dieses Buch enthält kein eigenes Kapitel zu den statistischen Methoden der Datenanalyse; das weite Feld der Statistik wird in *drei* eigenständigen Büchern dieser VS-Reihe detaillierter abgehandelt (Schäfer, 2010, 2011, Wentura & Pospeschill, in Vorbereitung). In den Kapiteln 1–6 werden allerdings einige statistische Grundkonzepte, Begriffe und Verfahren im Zusammenhang mit anderen Methoden eingeführt. Wir verzichten dabei auf mathematische Formeln, weil wir nur die Grundideen deutlich machen wollen.

Was erwartet Sie in den einzelnen Kapiteln dieses Buches?

Warum man sich in der Psychologie überhaupt mit Methoden auseinandersetzen sollte, ist Gegenstand des *ersten Kapitels*. Wir zeigen, dass die Alltagspsychologie fehlerbehaftet ist und dass die wissenschaftliche Psychologie weniger Fehler macht, weil sie bestimmte Methoden einsetzt. So gesehen sind Methoden Wege zur Wissenschaftlichkeit.

Das wissenschaftliche Vorgehen folgt einer Systematik, die sich in den verschiedenen Schritten einer empirischen Untersuchung manifestiert. *Kapitel 2* gibt einen Überblick zum idealtypischen Ablauf einer empirischen Untersuchung in der Psychologie und soll als eine Art „Fahrplan" für die weiteren Kapitel dienen. Das zweite Kapitel enthält zudem Exkurse, in denen wir auf einige Techniken zur Generierung von Hypothesen und Theorien eingehen sowie grundlegende Begriffe und Konzepte der Statistik erläutern.

Zentrale Schritte im Ablauf einer psychologischen Studie bestehen darin, sogenannte hypothetische Konstrukte, wie z. B. Angst oder Intelligenz, messbar zu machen und mit geeigneten Methoden Daten zu erheben. Dass psychische Phänomene mit geeigneten Erhebungsinstrumenten gemessen werden können, zählt zu den wichtigsten Leistungen der wissenschaftlichen Psychologie. *Kapitel 3* führt deshalb in die Grundlagen des Messens und Testens ein. Dabei geht es um den Informationsgehalt der erhobenen Daten und um

Gütekriterien für die verwendeten Erhebungs- bzw. Messinstrumente. Am Ende des dritten Kapitels erläutern wir zudem einige wichtige diagnostische Verfahren, mit denen Daten erhoben bzw. psychische Merkmale gemessen werden können.

In den *Kapiteln 4, 5* und *6* werden drei Forschungsansätze vorgestellt, die für die empirische Untersuchung von psychologischen Fragestellungen von zentraler Bedeutung sind: Experimentelle Designs, Korrelationsforschung und Einzelfallstudien. *Experimentelle Designs* (Kapitel 4) gelten als methodischer „Königsweg", weil damit Kausalhypothesen geprüft werden können. So lassen sich Fragestellungen nach der *Wirkung* bestimmter situativer Bedingungen (z. B. Werbung für ein bestimmtes Produkt) oder gezielter Interventionen (z. B. Therapieformen, Trainings) auf das Erleben und Verhalten experimentell klären.

In der *Korrelationsforschung* (Kapitel 5) werden Zusammenhänge zwischen zwei oder mehreren Merkmalen untersucht. Während die experimentelle Forschung darauf abzielt, bestimmte Wirkungen durch die gezielte Variation von experimentellen Bedingungen *selbst herzustellen*, geht es in der Korrelationsforschung um Zusammenhänge zwischen *bereits existierenden* Variationen der Merkmale von Individuen oder sozialen Gruppen. So kann z. B. der Zusammenhang zwischen bestimmten Lebensbedingungen und Gesundheit korrelativ untersucht werden.

Experimentelle Designs und Korrelationsforschung werden in den allermeisten Fällen in Studien eingesetzt, in denen Gruppen von Personen untersucht und damit sogenannte Aggregathypothesen geprüft werden. Eine einzige Person ist dagegen Untersuchungsgegenstand in *Einzelfallstudien*, die wir im Kapitel 6 als weiteren Forschungsansatz einführen. Bestimmte Arten von Einzelfallstudien lassen sich zwar auch unter die experimentellen Designs bzw. die Korrelationsforschung subsumieren; Einzelfallstudien werden allerdings auch und gerade vor dem Hintergrund des sogenannten qualitativen Paradigmas eingesetzt, das wir in Kapitel 6 ebenfalls knapp skizzieren.

In *Kapitel 7* werden die verschiedenen Möglichkeiten zur Verbreitung und Veröffentlichung von Forschungsergebnissen vorgestellt, denn die Resultate von Forschungsprozessen bleiben isoliert und würden verloren gehen, wenn sie nicht in Publikationen oder Präsentationen vermittelt werden würden.

*Kapitel 8* skizziert einige zentrale ethische und rechtliche Rahmenbedingungen, in die empirisch-psychologische Forschung eingebettet ist. Ethische und rechtliche Prinzipien betreffen den Umgang mit Untersuchungsteilnehmern, sogenannten Versuchspersonen bzw. Probanden, aber auch weitere

Bereiche, z. B. Plagiate, Koautorenschaft oder Manipulation von Statistiken. Erst die Beachtung von ethischen und rechtlichen Prinzipen führt zur verantwortungsvollen Anwendung von Forschungsmethoden in der Psychologie!

Für die kritische Lektüre des Manuskripts und wertvolle Hinweise zur Verbesserung bedanken wir uns bei Kea Sarah Brahms, Julia Mendzheritskaya, Andrea Petmecky und Linda Schulz. Unser Dank gilt zudem Julia Haubrich, deren methodische Expertise bei der Redaktion dieses Buchs von unschätzbarem Wert war.

Viel Spaß beim Lesen!

Karl-Heinz Renner   Timo Heydasch   Gerhard Ströhlein

# 1 Warum Methodenlehre in der Psychologie?

Stellen Sie sich ein mittelständisches Unternehmen vor. Auf der Führungsebene ist der Eindruck entstanden, dass die Arbeitszufriedenheit der Mitarbeiterinnen und Mitarbeiter gesunken ist. Einige Führungskräfte wissen aus informellen Gesprächen und zufälligen Beobachtungen zu berichten, dass im Unternehmen zunehmend über Stress geklagt wird. Es liegen auch einige Kündigungen vor. Die Vermutung liegt nahe, dass diese Veränderungen mit einer Umstrukturierungsmaßnahme zu tun haben, die vor kurzem durchgeführt werden musste. Also beschließt man, ein paar ausgewählte Mitarbeiterinnen und Mitarbeiter zu einem Gespräch über ihre Arbeitssituation einzuladen und allen anderen einige Fragen in schriftlicher Form vorzulegen. Danach soll dann überlegt werden, welche Maßnahmen zur Verbesserung der Arbeitszufriedenheit eingesetzt werden können. Eine Führungskraft gibt zu bedenken, dass es vielleicht besser wäre, die Befragung von Experten durchführen zu lassen, doch die anderen Kollegen sind der Meinung, dass der damit verbundene finanzielle und zeitliche Aufwand zu hoch wäre. Im Übrigen habe man doch genug berufliche Erfahrung und Führungsqualitäten, um selbst und intuitiv herauszufinden, wo bei den Mitarbeitern der Schuh drückt.

Einige von Ihnen werden dieses Szenario vielleicht für unwahrscheinlich halten. Ist es aber nicht. Und haben die Führungskräfte denn nicht Recht, wenn sie beschließen, ihre Mitarbeiter mündlich oder schriftlich zu befragen? Das ist doch sehr plausibel und vernünftig. Ein ausgebildeter Psychologe oder eine ausgebildete Psychologin würde doch wohl auch nichts anderes machen, oder? Wenn man sich diese Aussage vor Augen führt, dann stellt sich eine kritische Frage: Warum sollten Sie jetzt dieses Buch lesen oder gar die Mühen eines Psychologiestudiums auf sich nehmen, wenn schon der gesunde Menschenverstand ausreicht, um psychologische Probleme zu lösen? Wenn es um Psychologie geht, dann kann schließlich jeder mitreden. Jeder und jede von Ihnen hat im Laufe der Zeit alltagspsychologisches Wissen erworben, das Ihnen hilft, um mit sich selbst und anderen zurechtzukommen. Bei vielen anderen Wissenschaften ist das nicht in diesem Maße der Fall: Es gibt keine

Alltags-Informatik, keine Alltags-Biochemie und auch keine Alltags-Quantenphysik. In der Tat lassen sich aus alltagspsychologischer Perspektive ohne weiteres plausible Erklärungen dafür finden, warum sich Thomas und Petra scheiden ließen, warum Gisela schlecht in Mathematik, aber gut in Deutsch ist oder warum Günter in Gesellschaft von Frauen wenig redet. Warum also sollten Sie sich mit psychologischen Methoden auseinandersetzen? Auf diese Fragen gibt es mehrere kurze Antworten, die im Folgenden genauer ausgeführt werden. Sie sollten psychologische Methoden kennenlernen, weil die Alltagspsychologie fehlerbehaftet ist. Die wissenschaftliche Psychologie ist dagegen weniger fehlerbehaftet, gerade weil sie bestimmte Methoden systematisch einsetzt. Zudem stellt die wissenschaftliche Psychologie explizit formulierte Theorien zur Verfügung, aus denen sich Vorhersagen ableiten lassen, die dann wiederum mit bestimmten Methoden der Versuchsplanung, Datenerhebung und -analyse geprüft werden können.

## 1.1 Fehler der Alltagspsychologie

Die eben geäußerte Behauptung, nach der die Alltagspsychologie fehlerhaftet sei, wird in diesem Abschnitt zunächst am Beispiel des alltagspsychologischen Sprachgebrauchs sowie alltagspsychologischen Fehlern beim Wahrnehmen, Erinnern und Denken illustriert. Besonders deutlich lassen sich alltagspsychologische Fehler außerdem beim Umgang mit Wahrscheinlichkeiten und bei der unzureichenden Überprüfung von Vermutungen festmachen.

*Der alltagspsychologische Sprachgebrauch ist mehrdeutig und ungenau.* Wenn die Mitarbeiter in dem Unternehmen aus unserem Eingangsbeispiel sagen, sie hätten jetzt mehr Stress, dann ist (1) unklar, was genau „mehr" bedeutet und (2) was ein einzelner Mitarbeiter eigentlich genau unter „Stress" versteht. Natürlich weist „mehr" darauf hin, dass etwas, in unserem Fall der Stress, zugenommen hat, aber in welchem Ausmaß? Erleben die Mitarbeiter doppelt oder dreimal so viel Stress wie vor einem Vergleichszeitpunkt, der genau bestimmt werden müsste, oder nur 20 Prozent mehr Stress? Der Begriff „Stress" wird in der Alltagssprache sehr häufig benutzt, um jegliche Form von Unbehagen zu kennzeichnen. Meinen die Mitarbeiter mit Stress, dass sie unter Zeitdruck stehen, weil seit der Umstrukturierungsmaßnahme die Anzahl der Arbeiten zugenommen hat, die sie im Vergleich zu vorher in der gleichen Zeit erledigen sollen? Oder sind sie mit der höheren Komplexität der Aufgaben überfordert? Möglicherweise meinen einige mit Stress auch zwischenmenschliche Probleme bei der Arbeit. Die Mehrdeutigkeit von Wörtern der Alltagssprache

# Fehler der Alltagspsychologie

wird besonders dann deutlich, wenn Übersetzungen von einer Sprache in eine andere vorgenommen werden sollen. Sedlmeier und Renkewitz (2008, S. 12) berichten hierzu ein amüsantes Beispiel aus der Künstlichen-Intelligenz-Forschung: Ein automatisches Übersetzungsprogramm sollte den Satz „Der Geist ist willig, aber das Fleisch ist schwach" zuerst ins Russische und dann vom Russischen wieder ins Deutsche übersetzen. Das Ergebnis der Rückübersetzung war: „Der Wodka ist gut, aber das Steak ist lausig".

*Alltagspsychologische Fehler beim Wahrnehmen, Erinnern und Denken.* Unsere Wahrnehmung täuscht uns manchmal etwas vor, das bei genauerer Prüfung gar nicht der Fall ist. Wenn Sie die beiden durch Winkel begrenzten Linien in Abbildung 1-1 noch nicht kennen, dann geben Sie doch bitte an, welche der beiden Linien länger ist, bevor Sie weiterlesen.

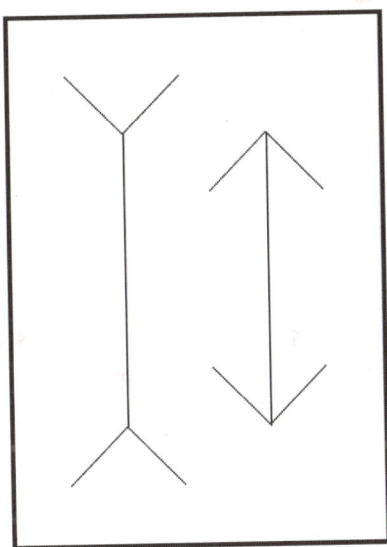

*Abbildung 1-1* Müller-Lyer-Täuschung

Die Linie mit den nach außen geknickten Winkeln ist länger, oder? Es sieht zumindest so aus. Nehmen Sie jetzt ein Lineal und messen Sie beide Linien nach. Was stellen Sie fest?

Die beiden Linien mit den einmal nach innen und einmal nach außen geknickten Winkeln sind das wohl bekannteste Beispiel für eine optische Täuschung, die sogenannte Müller-Lyer-Täuschung (weitere optische Täuschungen finden Sie z. B. im Internet unter http://michaelbach.de/ot/index.html). Nun werden Sie vielleicht sagen: „Das ist ja ein ganz netter Party-Gag, aber so eine Wahrnehmungstäuschung führt doch nicht dazu, dass ich bei alltagspsychologischen Problemen, wie dem eingangs zitiertem Beispiel, Fehler mache." Die Müller-Lyer-Täuschung spielt bei diesem Beispiel in der Tat keine Rolle. Es gibt jedoch andere Fehler der Alltagspsychologie, die diesbezüglich relevanter sind: Beim *Primacy- und Recency-Effekt* beispielweise handelt es sich um Urteilsverzerrungen, die mit der Reihenfolge zusammenhängen, in der Informationen ankommen bzw. dargeboten werden. Demnach werden die zuerst und die zuletzt dargebotenen Informationen besonders gut erinnert und beeinflussen deshalb das Gesamturteil besonders stark. Empirisch nachgewiesen hat den Primacy-Effekt Solomon Asch in seinen berühmten Experimenten zur Eindrucksbildung. Asch (1952) legte Probanden dieselben sechs persönlichkeitsbeschreibenden Adjektive in jeweils unterschiedlicher Reihenfolge vor. Probanden, die eine hypothetische Person mit den Eigenschaften „smart, artistic, sentimental, cool, awkward und faultfinding" insgesamt einschätzen sollten, bildeten ein positiveres Gesamturteil als Probanden, denen dieselben Adjektive in umgekehrter Reihenfolge vorgelegt wurden. Die Informationen am Anfang der Liste hatten offensichtlich einen stärkeren Einfluss auf die Urteilsbildung als nachfolgende Informationen Dieser Effekt spielt auch beim „ersten Eindruck" eine nicht unerhebliche Rolle. Der Primacy-Effekt tritt in der Regel deutlicher und häufiger auf als der Recency-Effekt, bei dem die zuletzt erhaltenen Informationen besonders gewichtet werden. In Experimenten stellte sich der Recency-Effekt insbesondere dann ein, wenn Probanden gebeten wurden, sich alle Informationen zu merken. Wichtig ist, dass Primacy- und Recency-Effekte auch bei der Sammlung von anderen psychologischen Informationen auftreten können, z. B. auch in einem Gespräch mit einer Mitarbeiterin über ihren derzeitigen Stress bei der Arbeit.

*Fehler beim alltagspsychologischen Umgang mit Wahrscheinlichkeiten.* Besonders deutlich lassen sich Fehler im alltäglichen Denken zeigen, wenn man den intuitiven Umgang mit Wahrscheinlichkeiten den tatsächlichen, d. h. stochastisch korrekten Lösungen gegenüberstellt. Überzeugende Aufklärungsarbeit leistet in dieser Hinsicht Gerd Gigerenzer (2002), aus dessen Buch wir folgendes Beispiel entnommen haben. Stellen Sie sich vor, Sie wollen einen AIDS-Test machen. Vor dem Test stehen Ihnen folgende Informationen zur Verfügung (Gigerenzer, 2002, S. 176):

Ungefähr 0,01 Prozent der Männer, von denen kein riskantes Verhalten [z. B. Drogenabhängigkeit] bekannt ist, sind mit HIV infiziert (Grundanteil). Wenn einer dieser Männer das Virus in sich hat, beträgt die Wahrscheinlichkeit 99.9 Prozent, dass der Test positiv ausfällt (Sensitivität). Wenn der Betreffende nicht infiziert ist, beträgt die Wahrscheinlichkeit 99,99 Prozent, dass der Test bei ihm negativ ausfällt (Spezifität).

Wie hoch ist nun die Wahrscheinlichkeit, dass ein Mann, der keiner Risikogruppe angehört, tatsächlich mit HIV infiziert ist, wenn das Testergebnis positiv ausfällt? Was meinen sie? Vermutlich werden die meisten von Ihnen dieselbe Antwort geben, wie 19 geprüfte Aids-Berater, denen Gigerenzer diese Frage vorgelegt hat: Die Wahrscheinlichkeit sei sehr, sehr hoch; das Testergebnis damit unumstößlich. Tatsächlich ist die Wahrscheinlichkeit aber nur etwa 50 Prozent (die Erklärung dafür basiert auf dem Konzept der bedingten Wahrscheinlichkeit, vgl. Gigerenzer, 2002, S. 175–177). Es gibt noch viele weitere Beispiele für alltagspsychologische Fehler beim Umgang mit Wahrscheinlichkeiten. Recherchieren Sie im Internet z.B. das „Geburtstagsparadoxon" und das „Ziegen-Problem".

*Unzureichende Prüfung alltagspsychologischer Vermutungen.* Wenn wir im Alltag eine Erklärung für ein psychologisches Phänomen liefern, dann überprüfen wir diese Erklärung nicht systematisch. Manchmal stützen wir uns auf unsere bisherige Erfahrung, wenn wir Erklärungen angeben oder wir berufen uns auf Autoritäten (z.B.: deutsche Schüler sind schlechter als finnische, weil das in der PISA-Studie rausgekommen ist). Zudem werden häufig und gerade auch in den Medien besonders drastische und anschauliche Einzelfälle als Beleg für eine alltagspsychologische Vermutung ins Feld geführt. So mag auch der Eindruck, in einem Unternehmen hätte der Stress zugenommen, wegen einiger besonders auffälliger Einzelfälle entstanden sein: Eine langjährige, besonders bewährte Mitarbeiterin hat gekündigt, weil sie nach eigenen Aussagen mit den Belastungen nicht mehr zurechtkommt. Oder eine Mitarbeiterin, die dienstbedingt besonders häufig mit Führungskräften zu tun hat, klagt über Stress. Solche hervorgehobenen Einzelfälle und Ereignisse können zu einem subjektiven Gesamt-Vorausurteil über die Belastungen der Belegschaft beitragen, das für die meisten Mitarbeiter gar nicht zutrifft.

Wenn im *Alltag* versucht wird, eine psychologische Vermutung zu überprüfen, wird in der Regel nur nach bestätigender Evidenz gesucht. So kann der Gesamteindruck, im Unternehmen habe der Stress zugenommen, die weitere Informationssammlung dahingehend beeinflussen, dass in erster Linie bestätigende Informationen beachtet werden. Fatal wird diese Tendenz spätestens dann, wenn den Mitarbeitern damit verbundene Suggestivfragen gestellt werden, die bestätigende Belege herbeiführen, z.B.: „Finden Sie nicht auch – wie

viele unserer Mitarbeiter – dass der Stress in der Arbeit zugenommen hat?"
Die Tendenz, eine soziale und psychologische Wirklichkeit aufgrund einer
bloßen Vermutung zu erzeugen, findet sich in der wissenschaftlichen Psychologie als *Pygmalion- oder Rosenthal-Effekt* wieder (vgl. Rosenthal, 1966).

## 1.2 Psychologie als Wissenschaft

Wissenschaft und auch die Psychologie als Wissenschaft behauptet nun, weniger fehlerbehaftet zu sein als die Alltagspsychologie. Damit die wissenschaftliche Psychologie diesen Anspruch erfüllen kann, bedient sie sich bestimmter Methoden. Der Unterschied zwischen der Alltagspsychologie und der wissenschaftlichen Psychologie besteht also nicht primär im Gegenstand, im *„Was"*, sondern in der Methode der Erkenntnisgewinnung, also im *„Wie"*. Wissenschaftliche Methoden können als *„Wege"* zur *Wissenschaft* aufgefasst werden (vgl. griechisch: „méthodos" = Weg zu etwas hin). Die Methodenlehre hat für die Psychologie einen zentralen Stellenwert, weil durch sie die Wissenschaftlichkeit psychologischer Theorien und Befunde gesichert wird. Im Unterschied zur Alltagspsychologie ist die Psychologie eine empirische Wissenschaft d.h. sie setzt Methoden ein, die eine systematische Überprüfung und Weiterentwicklung von Theorien durch die geplante und wiederholbare Erhebung, Analyse und Interpretation von Daten zum Erleben und Verhalten ermöglichen. Durch dieses systematische und methodisch kontrollierte Vorgehen sollen Fehler – wie sie in der Alltagspsychologie auftreten – minimiert werden. Das heißt jedoch nicht, dass die Wissenschaft völlig fehlerfrei und auf alle Ewigkeit gültige Erkenntnisse liefert. Die Qualität der wissenschaftlichen Methode liegt aber u.a. in der kritischen Reflexion und der kontinuierlichen Verbesserung des eigenen Vorgehens. Wissenschaft ist selbstkorrigierend (Bunge, 1998) und fehlersensitiv. Fehler können z.B. dadurch entdeckt werden, dass Studien wiederholt, variiert oder Befunde mit Hilfe neuer (statistischer) Methoden präzisiert werden.

*Welche Methoden setzt die Psychologie als Wissenschaft ein?* Grob gesagt werden aus einer bestehenden Theorie einzelne Hypothesen abgeleitet, die dann empirisch geprüft werden, indem Erfahrungsdaten erhoben, analysiert und im Lichte der Theorie interpretiert werden. Die Methoden der Datenerhebung zielen insbesondere darauf ab, die Ausprägungsgrade von psychologischen Konzepten, wie z.B. Stress, zu messen. Dass die Müller-Lyer-Täuschung tatsächlich eine Täuschung ist, kann auch der Alltagspsychologe leicht feststellen, indem er die Linien zwischen den Winkeln nachmisst. Zur Messung von nicht direkt beobachtbaren psychologischen Konzepten sind aber andere Instrumente als ein Lineal notwendig (vgl. Kapitel 3)! Methoden zur Erhebung von Daten (z. B. Beobachtung, Befragung, standardisierte Tests), Forschungsansätze (z. B. Experiment, Korrelationsstudie, Einzelfallstudie) und Methoden zur Datenauswertung (z. B. beschreibende und schließende Statistik, Inhaltsanalyse) werden in vielen Lehrbüchern im Detail beschrieben und nehmen auch in diesem Buch einen breiten Raum ein. Bevor aus einer Theorie Hypothesen abgeleitet werden können, muss aber erst einmal eine Theorie da sein. Diese Aussage mag auf den ersten Blick trivial erscheinen. Tatsache aber ist, dass in nur wenigen Lehrbüchern *Methoden zur Generierung von Theorien oder Hypothesen* vermittelt werden. Genauer gesagt fehlen häufig Hinweise, wie Ideen für neue Theorien und Hypothesen entwickelt werden können. Wenigstens einige Empfehlungen bzw. sogenannte Heuristiken (einfache Regeln zur Problemlösung), die helfen können, Ideen für neue Theorien oder Hypothesen zu entwickeln, werden in Kapitel 2 vorgestellt.

Damit aus einer Idee oder Vermutung eine neue wissenschaftliche Theorie wird, müssen viele methodisch kontrollierte Einzelschritte (mehrmals) durchlaufen werden. Eine *Theorie* enthält Begriffe, deren Bedeutung einerseits durch *Explikations- und Definitionsmethoden* festgelegt und präzisiert werden können. Viele Begriffe in der Psychologie – z. B. Stress, Aggression, Angst, Glück – beziehen sich auf Phänomene, die durch eine Besonderheit gekennzeichnet sind: Sie sind nicht direkt beobachtbar. Solche nicht direkt beobachtbaren Phänomene oder Konzepte werden als theoretische Begriffe, *hypothetische Konstrukte* oder auch *latente Variablen* bezeichnet. Stress kann man nicht direkt sehen, hören, riechen oder schmecken. Deshalb müssen beobachtbare und messbare Merkmale für Stress festgelegt werden. Solche Merkmale werden Indikatoren genannt. Als Indikatoren für Stress kommen z. B. Einschätzungen in einem Fragebogen oder bestimmte Ausprägungen der Herzfrequenz und des Cortisolspiegels infrage. Diese Indikatoren sind beobachtbare „Hinweise" für das nicht direkt beobachtbare Phänomen Stress. Eine Theorie besteht aber nicht nur aus einzelnen Begriffen, sondern aus Begriffen, die zu Aussagen verknüpft worden sind. Miteinander verknüpfte Aussagen wiederum müssen den Kriterien der Logik genügen. Im Gegensatz zur Alltagspsychologie geht die wissenschaftliche Psychologie also wesentlich präziser und kontrollierter mit Sprache um und sie wendet auch spezifische Kriterien an, die festlegen, unter welchen Bedingungen eine Erklärung als eine *wissenschaftliche Erklärung* gelten kann (vgl. Bartelborth, 2007).

Anders als in der Alltagspsychologie wird eine Prüfung von Hypothesen in der wissenschaftlichen Psychologie nicht dadurch vorgenommen, dass bestätigende Belege für eine Vermutung gesammelt werden, also nicht durch Konfirmation bzw. Verifikation. Es wird vielmehr versucht, eine bestehende Hypothese zu widerlegen, also zu zeigen, dass sie falsch ist. Dieses als *Falsifikation* bezeichnete Prinzip wurde im sogenannten kritischen Rationalismus von Karl Popper (1934/35) entwickelt. Eine Theorie bzw. Hypothese gilt demnach als mehr oder weniger gut bewährt, je mehr Falsifikationsversuche bisher gescheitert sind.

## 1.3 Was gewinnen wir durch den Einsatz wissenschaftlicher Methoden in der Psychologie?

Zu Beginn dieses Abschnitts wurde behauptet, dass die wissenschaftliche Psychologie weniger Fehler macht und zu gültigeren Erkenntnissen kommt als die Alltagspsychologie, eben weil sie bestimmte Methoden einsetzt. Diese Argumentation soll nun genauer erläutert werden.

*Alltagsvorstellungen über psychische Phänomene stimmen manchmal nicht mit wissenschaftlichen Erkenntnissen überein.* In der Alltagspsychologie und auch in der populärwissenschaftlichen Literatur findet man fast durchgängig die Auffassung, dass sich Männer und Frauen in vielen psychologischen Merkmalen unterscheiden. Ein einfaches Beispiel ist die Annahme, dass Frauen mehr reden als Männer, was aber empirisch nicht bestätigt werden konnte (vgl. Mehl, Vazire, Ramirez-Esparza, Slatcher, & Pennebaker, 2007).

*Wissenschaftliche Prüfung von zutreffendem alltagspsychologischem Wissen.* Trotz der oben dargestellten Fehler der Alltagspsychologie und der soeben referierten Einschränkungen, ist alltagspsychologisches Wissen häufig zutreffend – und das ist auch gut so: Wir könnten sonst im „Gewühle der alltäglichen Gefühle" nicht bestehen. Mehr noch: Gerd Gigerenzer (2007) referiert in seinem Buch „Bauchentscheidungen" viele Beispiele und Experimente, die zeigen, dass intuitive Entscheidungen im Alltag unter bestimmten Voraussetzungen sogar zu besseren Ergebnissen führen als ein systematisches Abwägen aller Informationen. Aber selbst in diesem Fall helfen wissenschaftlich-psychologische Methoden weiter; eben um zu untersuchen, unter welchen Voraussetzungen solche Bauchentscheidungen zutreffen und unter welchen Bedingungen systematisches Abwägen mehrerer Alternativen günstiger ist.

*Neues Wissen durch wissenschaftliche Methoden.* Wissen, das mit wissenschaftlichen Methoden gewonnen wurde, geht oft weit über unser Alltagswissen hinaus. Zum Beispiel können mit einer neuropsychologischen Methode, der sogenannten funktionellen Magnetresonanztomographie (fMRT), Ausschnitte der Wirklichkeit sichtbar gemacht werden, zu denen die Alltagspsychologie überhaupt keinen Zugang hat: den Stoffwechsel in verschiedenen Hirnarealen beim Erleben von Emotionen oder Lösen von Problemen. Das mag auf den ersten Blick noch nicht besonders spektakulär erscheinen. Es ist doch nicht überraschend, dass sich psychische Prozesse auch irgendwo im Gehirn manifestieren. Mittlerweile sind Neuropsychologen aber so weit, dass sie mit einer relativ hohen Trefferquote auf der Basis von Hirnmustern erkennen können, an welches Objekt eine Person gerade denkt (vgl. z. B. Schleim, 2008).

*Forschungsmethoden vs. Interventionsmethoden.* Der Vollständigkeit halber und um Missverständnisse zu vermeiden, sei erwähnt, dass in den psychologischen Anwendungsfächern, z. B. in der Klinischen Psychologie und in der Pädagogischen Psychologie, von Interventionsmethoden gesprochen wird. Diese Methoden zielen nicht darauf ab, die Wissenschaftlichkeit von Aussagen zu sichern, sondern bestimmte Wirkungen zu erzielen, z. B. die Arbeitszufriedenheit zu steigern oder psychische Störungen und Probleme zu verringern. Damit diese Interventionsmethoden als „wissenschaftlich" bezeichnet werden können, müssen die durch sie intendierten Wirkungen wiederum mit den eben skizzierten Forschungsmethoden der systematischen und wiederholbaren Datenerhebung und -auswertung unter Anwendung geeigneter Forschungsansätze geprüft werden. Die Methodenlehre befasst sich also auch mit der wissenschaftlichen Untersuchung und Evaluation der behaupteten Wirkungen bzw. Effekte von Maßnahmen, die eingesetzt werden, um erwünschte Veränderungen herbeizuführen.

*Der Umgang mit wissenschaftlichen Methoden muss erlernt und geübt werden.* Ausgehend von der griechischen Wortbedeutung wurden Methoden bereits als „Wege" zur Wissenschaft gekennzeichnet. Mit einer anderen Metapher können Methoden als Werkzeuge charakterisiert werden, die es gestatten, ein wissenschaftliches Produkt „herzustellen". Nun reicht es in den allermeisten Fällen nicht aus, *Werkzeuge* zu kennen; man muss vielmehr den Umgang mit diesen Werkzeugen lernen und einüben, um sie kompetent einsetzen zu können. Jeder von Ihnen weiß, was eine Säge, ein Hammer und ein Schraubenzieher ist. Aus diesem „Wissen, was" folgt aber nicht automatisch ein „Wissen, wie", z. B. wie sie damit einen Schrank zimmern können. Ähnlich ist es, wenn Sie wissenschaftliche Werkzeuge einsetzen wollen; Sie müssen den Umgang damit mehrfach üben. Deshalb ist es sehr wichtig, dass Sie sich immer wieder intensiv mit Forschungsmethoden auseinandersetzen.

📖 Literaturempfehlungen

Bortz, J. & Döring, N. (2006). *Forschungsmethoden und Evaluation* (3. Aufl.). Berlin: Springer.
Gigerenzer, G. (2002, dritte Auflage 2007). *Das Einmaleins der Skepsis. Über den richtigen Umgang mit Zahlen und Risiken*. Berlin: Berliner Taschenbuch Verlag.
Sedlmeier, P. & Renkewitz, F. (2008). *Forschungsmethoden und Statistik in der Psychologie*. München: Pearson. Insbesondere die Kapitel 1 und 2.

# 2 Idealtypischer Ablauf einer empirischen Untersuchung

Nachdem im vorherigen Kapitel die Vorteile der wissenschaftlichen Methode erläutert wurden, sollen nun die Schritte einer empirischen Untersuchung, in der sich das wissenschaftliche Vorgehen typischerweise manifestiert, im Überblick dargestellt werden (vgl. hierzu auch Bortz & Döring, 2006). Wir beschränken uns auf den idealtypischen Ablauf von hypothesenprüfenden Untersuchungen, die im in der Psychologie vorherrschenden quantitativen Paradigma dominieren. Hinweise zum Ablauf hypothesenerkundender Studien, wie sie insbesondere innerhalb des sogenannten qualitativen Paradigmas (vgl. 6.3) durchgeführt werden, finden sich in dem Herausgeberband von Mey und Mruck (2010).

Der Ablauf einer empirischen Untersuchung wird in den verschiedenen Methodenlehrbüchern je nach Abstraktionsniveau in unterschiedlich viele Phasen gegliedert. Wir unterscheiden bei unserer Darstellung des Ablaufs die folgenden sieben idealtypischen Phasen einer empirischen Untersuchung:

1. Wahl einer Forschungsfragestellung
2. Theoretische Einbettung und Ableitung von Hypothesen
3. Operationalisierung und Untersuchungsplanung
4. Durchführung der Untersuchung und Datenerhebung
5. Datenaufbereitung und Datenanalyse
6. Interpretation und Diskussion
7. Publikation und/oder Präsentation.

Die in den Phasen 6 und 7 interpretierten und publizierten Ergebnisse einer empirischen Untersuchung können mehr oder weniger deutliche Auswirkungen auf die Theorie haben, deren Ausgangspunkt die Studie war (vgl. 2.7).

## 2.1 Wahl einer Forschungsfragestellung

Am Anfang einer empirischen Studie steht die Frage, was überhaupt untersucht werden soll. Wenn diese Frage von wissenschaftlich arbeitenden Psychologinnen und Psychologen gestellt wird, die im Bereich der Forschung arbeiten, dann geht es um die Auswahl eines bestimmten Forschungsthemas oder -problems. Wenn diese Frage von ebenso wissenschaftlich arbeitenden Psychologinnen und Psychologen gestellt wird, die in der angewandten Praxis, z. B. in Unternehmen, Beratungsstellen, Kliniken etc. arbeiten, dann geht es um die Übernahme eines Auftrags, z. B. um die Erstellung eines Gutachtens oder um die Durchführung und Beurteilung (Evaluation) einer Interventionsmaßnahme. In beiden Kontexten gestalten sich die Anwendung der wissenschaftlichen Methode und auch der konkrete Ablauf der empirischen Untersuchung ähnlich.

Wenn man einen wissenschaftlich arbeitenden Psychologen fragt, warum er oder sie zu einem bestimmten Thema forscht, dann wird sicherlich persönliches Interesse als ein wichtiges Motiv genannt werden. Persönliches Interesse oder sogar Begeisterung für ein Forschungsthema sind auch wichtige Voraussetzungen für Abschlussarbeiten von Studierenden. Die Durchführung und Dokumentation/Publikation einer empirischen Untersuchung ist ein zeitintensiver Prozess, der viel Energie kostet. Deshalb ist es vorteilhaft, wenn man als Studierender hohes Interesse am Thema seiner Abschlussarbeit hat, damit am Ende alles gut oder sogar sehr gut wird. Die Entscheidung für ein bestimmtes Forschungsthema kann aber auch mit anderen Bedingungen zusammenhängen, z. B. der Verfügbarkeit von Forschungsressourcen, von Stellen innerhalb eines Projekts oder von der Wahrscheinlichkeit, mit der ein Thema in möglichst einflussreichen Zeitschriften publiziert werden kann. Nachdem man sich – aus welchen Gründen auch immer – für ein bestimmtes Forschungsthema entschieden hat, besteht der erste Schritt vor der Durchführung einer eigenen empirischen Studie darin, bereits vorhandene theoretische Ansätze und empirische Studien zu diesem Thema zur Kenntnis zu nehmen, d. h.: zu lesen und nachzudenken.

Wenn es nun aber zu einem bestimmten Thema nur spärliche theoretische Überlegungen gibt, dann stellt sich die Frage, wie man selbst zu einer neuen Theorie kommen kann. Eine ähnliche Frage stellt sich auch, wenn man vor dem Hintergrund etablierter Theorien neue Hypothesen generieren und ableiten möchte. Diesen Fragen ist der nachfolgende Exkurs gewidmet.

## Exkurs: Heuristiken zur Generierung von Theorien und Hypothesen

Wie im Kapitel 1 bereits angedeutet, wird in manchen Methodenlehrbüchern nicht darauf eingegangen, wie man Ideen für neue Theorien und Hypothesen finden kann. Eine Ausnahme ist das Methodenlehrbuch von Bortz und Döring (2006), in dem die Frage, wie neue Theorien entwickelt werden können, ausführlich in den Kapiteln 1 und insbesondere 6 behandelt wird. Dabei wird besonders die Bedeutung von verschiedenen Explorationsstrategien für die Theorieentwicklung hervorgehoben. So werden in der *theoriebasierten Exploration* durch systematische Sichtung und Analyse vorliegender Publikationen (bzw. durch Interviews mit Laien) aus vorhandenen theoretischen und empirischen Untersuchungen (bzw. aus den Alltagstheorien von Befragten) neue Hypothesen oder Modifikationen vorhandener Theorien abgeleitet. Bortz und Döring (2006, S. 358) empfehlen zudem, ein „Forschungstagebuch" zu führen, in dem die Entwicklung einer Fragestellung, Hypothesen und Methoden chronologisch festgehalten werden – zur späteren eigenen Reflexion und zur Dokumentation.

Insgesamt 49 Heuristiken zur Generierung von neuen Hypothesen hat McGuire (1997) zusammengestellt. Eine Heuristik bzw. ein Heurismus ist eine einfache Regel oder Strategie, die helfen soll, etwas – in unserem Fall eine neue Theorie oder Hypothese – zu finden. So erfordern bestimmte Heuristiken die Identifikation und Hinwendung zu in irgendeiner Weise ungewöhnlichen oder provozierenden Phänomenen, die mit bisherigen Theorien gar nicht oder nur schwer vereinbar sind. Zum Beispiel leiden Kinder, die unter traumatischen Bedingungen aufgewachsen sind, als Erwachsene oft unter psychischen Problemen. Das ist aber keineswegs immer so! Einige wenige, in der Literatur als „unverwundbare" Kinder (vgl. einführend Pines, 1979) bezeichnete Individuen entwickeln sich trotz schwieriger Bedingungen zu stabilen und sozial wie beruflich integrierten Erwachsenen. Die genaue Untersuchung von solchen Personen kann zu neuen Hypothesen über den Einfluss von Entwicklungsbedingungen führen.

Eine weitere Heuristik besteht darin, Konzepte oder Aussagen in einem Gedankenexperiment zu „manipulieren". Eine konzeptuelle Manipulation kann zum Beispiel einfach darin bestehen, dass man die Kausalitätsrichtung einer bisher bestehenden Hypothese umdreht: Anstelle von „der Konsum von gewalthaltigen Computerspielen erhöht die Aggressivität" würde dann resultieren: „Aggressivität erhöht den Konsum von gewalthaltigen Computerspielen". Leon Festingers sozialpsychologische Theorie der kognitiven Dissonanz

(Festinger, 1957) beruht auf einer solchen Kausalitätsreversion: Anstelle der Hypothese „Einstellungsänderungen führen zu Verhaltensänderungen" untersuchte Festinger in seiner Dissonanztheorie u. a. den reziproken Effekt „Verhaltensänderungen führen zu Einstellungsänderungen".

Ein Beispiel für ein komplexeres konzeptuelles Gedankenexperiment ist die Analogiebildung. Wir möchten die Analogiebildung mit der von Gigerenzer (1988) identifizierten *„Tools-to-Theories"-Heuristik*, die bei McGuire (1997) leider nicht zitiert wird, veranschaulichen. Die Analogiebildung bzw. die Verwendung von Metaphern ist in besonders vielen psychologischen Theorien und Hypothesen zu finden. Die „Tools-to-Theories"-Heuristik liegt nach Gigerenzer vielen Theorien innerhalb der kognitiven Psychologie zugrunde. Im Kern geht es um einen Analogieschluss, um die metaphorische Übertragung eines Merkmals oder einer Struktur aus dem Bereich der „Tools" auf den Bereich der „Theories". Ein Tool, das heute jeder wissenschaftlich arbeitende Psychologe verwendet, ist der Computer, der oft als Kern-Metapher für den menschlichen Geist (das kognitive System) verwendet wird. In ihrer allgemeinsten Form wurde die Computer-Analogie von Paul Thagard (2005) formuliert: Denken ist demnach mit einem gerade aktiven Computerprogramm vergleichbar, in dem Algorithmen auf Datenstrukturen angewendet werden. Den Datenstrukturen, auf die ein Computerprogramm zugreift, entsprechen beim Denken mentale Repräsentationen; den Algorithmen entsprechen sogenannte computationale Prozeduren, das sind bestimmte Verarbeitungsprozesse. Der menschliche Geist wird somit in Analogie zum Computer als informationsverarbeitendes System konzipiert.

Nach der „Tools-to-Theories"-Heuristik" lassen sich neue Theorien über kognitive Prozesse also durch Analogiebildung finden, indem „Werkzeuge", mit denen ein Forscher ohnehin arbeitet, auf psychologische Fragestellungen übertragen werden. In der Psychologie finden sich zudem noch viele weitere Theorien, die durch Analogie-Schlüsse oder Metaphern entstanden sind. Besonders viele Metaphern stecken in der Theorie von Sigmund Freud (vgl. z. B. Laux, 2008), der z. B. den psychischen Apparat mit einem Energiesystem (etwa einer Dampfmaschine) verglichen hat. Ganz anders ist das bei George A. Kelly, der seine Persönlichkeitstheorie auf die Metapher „der Mensch als Wissenschaftler" gründet (vgl. Laux, 2008).

## 2.2 Theoretische Einbettung und Ableitung von Hypothesen

Die meisten Fragestellungen, die im Bereich der wissenschaftlichen Forschung untersucht werden, gehen – wie im letzten Abschnitt bereits betont – von bereits bestehenden Theorien aus, vor deren Hintergrund Hypothesen abgeleitet werden, die z. B. dazu dienen, Vorhersagen zu überprüfen. Auch bei der Klärung von Fragestellungen in der Praxis werden Theorien herangezogen, wobei ein übernommener Auftrag (z. B.: Ist ein Kind für das Gymnasium geeignet?) zuerst in die psychologische Fachsprache „übersetzt" bzw. mit Hilfe psychologischer Begriffe präzisiert werden muss (z. B. Verfügt das Kind über ausreichende kognitive, motivationale, persönlichkeitsbezogene und soziale Ressourcen, die mit einer gewissen Wahrscheinlichkeit zu einem erfolgreichen Besuch des Gymnasiums führen werden?).

Nach der Entscheidung für ein bestimmtes Forschungsthema muss zunächst die relevante Literatur verarbeitet werden. Die wichtigsten psychologischen Datenbanken, die für eine Literaturrecherche zur Verfügung stehen, sind PsycINFO und PSYNDEX. Diese Datenbanken stehen Studierenden der Psychologie über die Universitätsbibliotheken im Internet zur Verfügung. PsycINFO ist eine von der American Psychological Association (APA) herausgegebene Datenbank, in der psychologische Texte ab dem 18. Jahrhundert erfasst und mit kurzen Zusammenfassungen (sogenannte Abstracts) beschrieben sind. PSYNDEX ist eine vom Leibniz-Zentrum für Psychologische Information und Dokumentation (ZPID) betriebene Datenbank, in der psychologische Literatur, psychologische Testverfahren sowie psychologisch relevante audiovisuelle Medien und Interventionsprogramme insbesondere auch aus deutschsprachigen Ländern referenziert sind.

Eine Literaturrecherche kann sich gerade bei etablierten Themenfeldern als „Fass ohne Boden" erweisen. So finden sich zum Stichwort „Anxiety" ca. 130 000 Treffer in PsycINFO. Es ist so gut wie unmöglich, alle diese Titel genau zu lesen und auch die Lektüre der Zusammenfassungen, die innerhalb der Datenbanken insbesondere bei empirischen Artikeln zur Verfügung gestellt werden, ist zu aufwändig. Deshalb empfiehlt es sich, zunächst von den aktuellen Überblicksarbeiten zu einem Thema, die z. B. in Enzyklopädiebänden oder Zeitschriften, wie dem Annual Review of Psychology erscheinen, auszugehen und dann diejenigen empirischen Artikel genauer zu lesen, die für das gewählte Thema besonders relevant sind

Theorien sind mehr oder weniger breit und allgemein formuliert, so dass die Möglichkeit besteht, verschiedene konkrete Hypothesen abzuleiten. *Hypothesen* sind kurz gesagt konkrete und überprüfbare Vermutungen, die aus

Theorien abgeleitet werden können. So entsteht nach dem Basispostulat einer Theorie von Schlenker und Leary (1982) soziale Angst in realen oder vorgestellten Situationen dann, wenn eine Person motiviert ist, gegenüber anderen einen bestimmten Eindruck zu vermitteln, aber daran zweifelt, diesen Eindruck hervorrufen zu können. Aus dieser Selbstdarstellungstheorie sozialer Angst lassen sich verschiedenste Hypothesen ableiten. Hypothesen lassen sich wiederum nach verschiedenen Kriterien klassifizieren (vgl. hierzu Hussy, Schreier & Echterhoff, 2009, Kapitel 2 sowie grundlegend Bunge, 1967). So ist im Basispostulat eine *Kausalhypothese* impliziert, nach der die Gründe, „Ursachen" oder Bedingungen für soziale Angst in hoher Eindrucksmotivation und zugleich niedriger darstellungsbezogener Selbstwirksamkeitserwartung (Zweifel, einen bestimmten Eindruck hervorrufen zu können) liegen. Solche Kausalhypothesen lassen sich im Rahmen experimenteller Designs prüfen (vgl. Kapitel 4).

Bortz und Döring (2006) sowie Bortz und Schuster (2010) unterscheiden vier Typen von Hypothesen: *Unterschiedshypothesen, Zusammenhangshypothesen, Veränderungshypothesen sowie Hypothesen in Einzelfall-Untersuchungen.* Alle vier Hypothesenarten lassen sich noch weiter ausdifferenzieren (vgl. Kapitel 4 und 6) und müssen im Verlauf der Operationalisierung und Untersuchungsplanung spezifiziert werden. Aus der Selbstdarstellungstheorie sozialer Angst lassen sich u. a. folgende Forschungshypothesen ableiten (vgl. hierzu Renner, 2002): Männer und Frauen unterscheiden sich im Ausmaß sozialer Angst (Unterschiedshypothese); es besteht ein Zusammenhang zwischen niedrigen darstellungsbezogenen Selbstwirksamkeitserwartungen und sozialer Angst (Zusammenhangshypothese); soziale Angst, z.B. Redeangst, lässt sich durch ein Trainingsprogramm reduzieren, das darstellungsbezogene Selbstwirksamkeitserwartungen steigert (Veränderungshypothese).

Insbesondere bei der genannten geschlechtsbezogenen Unterschiedshypothese handelt es sich zugleich um eine Aggregathypothese (vgl. Westmeyer, 1996 sowie Abschnitt 6.2). *Aggregat-Hypothesen* beinhalten Aussagen über Eigenschaften einer Population (Klasse, Kollektiv) als Ganzer, nicht aber über einzelne Personen dieser Population. Aussagen über einzelne Personen sind Gegenstand von *singulären Hypothesen,* die in Einzelfallstudien untersucht werden (vgl. 6.2).

## 2.3 Operationalisierung und Untersuchungsplanung

Die meisten Begriffe, die in der wissenschaftlichen Psychologie und oft auch in der Alltagspsychologie verwendet werden, sind nicht direkt beobachtbare, hypothetische Konstrukte. Angst, Stress oder auch Persönlichkeitsmerkmale wie Intelligenz oder Gewissenhaftigkeit kann man nicht sehen oder hören. Vielmehr gilt es, direkt beobachtbare Indikatoren festzulegen, deren Messung einen Rückschluss auf die theoretischen Begriffe erlaubt. Eben dieser Vorgang – die Festlegung von Beobachtungs- und Messvorschriften, mit denen Indikatoren für hypothetische Konstrukte erfasst werden können – wird Operationalisierung genannt. Zu beachten ist, dass es eigentlich immer verschiedene Möglichkeiten gibt, um ein Konstrukt zu operationalisieren. Einerseits können verschiedene Datenquellen berücksichtigt werden (Selbstbericht, Fremdbericht, Verhaltensbeobachtung, physiologische Messungen, vgl. 3.4), andererseits können innerhalb einer Datenquelle verschiedene Messinstrumente zur Verfügung stehen, um ein hypothetisches Konstrukt zu erfassen. So liegen z. B. zur Messung von Angst viele verschiedene Messinstrumente vor, die aus teilweise unterschiedlichen theoretischen Perspektiven entwickelt wurden. Es ist deshalb wichtig, sich im Rahmen der Untersuchungsplanung zu überlegen, welche Datenquellen und Messinstrumente berücksichtigt bzw. eingesetzt werden sollen.

In der analytischen Wissenschaftstheorie wird die Menge der Operationalisierungsmöglichkeiten einer Theorie oder Hypothese als *empirischer Gehalt* bezeichnet (vgl. hierzu Popper, 1934). Dass eine Theorie empirischen Gehalt aufweist, ist für Popper eine notwendige Voraussetzung für ihre Prüfbarkeit und damit ihre Zuordnung zu einer empirischen Wissenschaft (im Gegensatz zu Ideologien). Der empirische Gehalt einer Theorie ist unbestimmt und offen, eben weil es unterschiedliche Möglichkeiten zur Messung eines hypothetischen Konstrukts gibt und weil in Zukunft weitere Operationalisierungsmöglichkeiten entwickelt werden können. Dabei spielt auch der technische Fortschritt eine Rolle. So haben sich mit der Verfügbarkeit von leistungsfähigen Computern neue Möglichkeiten für die objektive Erfassung von sogenannten impliziten, d. h. nicht bewusst repräsentierten, Merkmalen eröffnet (vgl. Ortner, Proyer & Kubinger, 2007). Ein anderes Beispiel ist das ambulante Assessment, bei dem Selbsteinschätzungen, aber auch biologische Daten mit Hilfe von tragbaren Computern direkt in der natürlichen Umgebung der Probanden erfasst werden (Fahrenberg, Myrtek, Pawlik & Perrez, 2007). Der empirische Gehalt bezieht sich auch auf alle Möglichkeiten, Hypothesen innerhalb verschiedener Forschungsansätze empirisch zu untersuchen. Auch bezüglich der konkreten Versuchsanordnung ist der empirische Gehalt von Theorien und Forschungshypothesen also offen.

Sofern zur Erfassung der Konstrukte, die in der geplanten Studie untersucht werden sollen, etablierte diagnostische Verfahren vorliegen, sollte darauf zurückgegriffen werden, und zwar aus zwei Gründen: Erstens können dann die Ergebnisse der eigenen Studie mit bisherigen Untersuchungen, in denen ähnliche Fragestellungen im Mittelpunkt standen, besser verglichen werden. Zweitens sind die sogenannten Test-Gütekriterien (Objektivität, Reliabilität, Validität, vgl. Kapitel 3) bei etablierten Instrumenten zumeist in mehreren Studien untersucht und nachgewiesen worden. Dagegen ist die Konstruktion und Erprobung eines neuen diagnostischen Instruments ein aufwändiger Prozess, der im Rahmen eigenständiger Studien erfolgen muss. Umfangreiche Dokumentationen verfügbarer diagnostischer Instrumente bzw. standardisierter psychologischer Tests geben z. B. Brähler, Holling, Leutner und Petermann (2002, der sogenannte „Brickenkamp") sowie die Datenbank PSYNDEX-Tests.

Die Empfehlung, etablierte diagnostische Instrumente zu verwenden, darf allerdings nicht missverstanden werden. Es wird in vielen Studien immer wieder Konstrukte geben, zu deren Erfassung keine geeigneten Instrumente vorliegen. In diesem Fall bleibt dann nichts anderes übrig, als selbst Skalen, Beobachtungs- und Fremdeinschätzungssysteme oder Interviews zu entwickeln bzw. vorhandene Instrumente zu adaptieren. Bei der Entwicklung solcher „Forschungsinstrumente" ist es allerdings unumgänglich, die psychometrischen Gütekriterien zu bestimmen (vgl. Kapitel 3), was idealerweise in Vorstudien erfolgen sollte. Eine Zusammenstellung von diagnostischen Instrumenten, die für Forschungszwecke entwickelt wurden und noch weiterentwickelt werden, findet sich auf folgender Website: http://www.dgps.de/fachgruppen/diff_psy/frames/frame-instrumente.html.

Nachdem aus vorhandenen Theorien oder mit Hilfe von Heuristiken neue Fragestellungen bzw. Hypothesen generiert wurden, reicht es nicht aus, sich lediglich zu überlegen, wie die damit verbundenen hypothetischen Konstrukte gemessen werden können. Von zentraler Bedeutung ist die Wahl eines geeigneten Forschungsansatzes. Ein *Forschungsansatz* ist eine Strategie bzw. ein Plan, der festlegt, wie Hypothesen untersucht bzw. geprüft werden sollen. In der Psychologie werden zwei Forschungsansätze unterschieden, die in den Kapiteln 4 und 5 ausführlich dargestellt werden: *Experimentelle Designs* und *Korrelationsforschung*. Diese Unterscheidung lässt sich an einem klassischen Artikel von Lee Cronbach (1957) festmachen, in dem die beiden Forschungsansätze als „The two disciplines of scientific psychology" bezeichnet werden. Experimentelle Designs und Korrelationsforschung werden in den allermeisten Fällen in Studien eingesetzt, in denen Gruppen von Personen untersucht und damit Aggregathypothesen geprüft werden (vgl. 2.2 sowie 6.2). Eine einzige Person ist dagegen Untersuchungsgegenstand in *Einzelfallstudien*, die wir im Abschnitt 6 als weiteren Forschungsansatz einführen. Welcher Forschungsansatz gewählt werden sollte, hängt von der Art der Hypothese, aber auch von bestimmten Bedingungen des Forschungsfelds ab, die in den genannten Kapiteln noch eingehender erläutert werden.

Wenn die Entscheidung für einen der drei Forschungsansätze gefallen ist, dann sind bei der konkreten Planung der Untersuchung folgende Aspekte zu beachten. Diese Aspekte gelten für jeden der drei Forschungsansätze:

1. *Probanden:* Welche Personen sind als Probanden der Untersuchung vorgesehen? Diese Frage hängt zunächst von den Hypothesen ab, die geprüft werden sollen. Sofern singuläre Hypothesen im Mittelpunkt stehen, muss entschieden werden, welche konkreten Einzelfälle in die Untersuchung einbezogen werden (vgl. Kapitel 6). Wenn Aggregat-Hypothesen geprüft werden sollen, geht es darum zu entscheiden, für welches Aggregat bzw. welche Population die Hypothese gelten soll. Große Populationen, z. B. die gesamte erwachsene Bevölkerung der Bundesrepublik Deutschland, können aus ökonomischen Gründen nicht in ihrer Gesamtheit untersucht werden. Deshalb wird eine Stichprobe, d. h. eine Auswahl von Probanden, gezogen, deren Ergebnisse unter bestimmten Bedingungen auf die Grundgesamtheit generalisiert werden können. Zwei wichtige Bedingungen sind dabei die Zufallsauswahl und die Repräsentativität der Stichprobe. In der Psychologie werden bisher selten repräsentative Stichproben verwendet; stattdessen wird auf sogenannte *Gelegenheitsstichproben* zurückgegriffen. Damit ist eine Zusammenstellung von Probanden gemeint, die eben gerade verfügbar sind; in psychologischen Untersuchungen sind das in den allermeisten Fällen Psychologie-Studierende. Diese gängige Praxis ist immer wieder kritisiert worden, weil zu Recht bezweifelt werden kann, ob die Ergebnisse, die mit Psychologie-Studierenden gewonnen wurden, wirklich auch für Nicht-Psychologie-Studierende gelten. Im Falle allgemeinpsychologischer Befunde zur Wahrnehmung, zum Lernen oder zum Gedächtnis mag eine Generalisierung noch am ehesten möglich sein, weil es keinen Grund gibt, anzunehmen, dass grundlegende Prozesse der Informationsverarbeitung bei Psychologie-Studierenden systematisch anders ablaufen als bei Nicht-Psychologie-Studierenden. Bei sozial- und persönlichkeitspsychologischen Fragestellungen sind Zweifel an der Generalisierbarkeit dagegen berechtigt. Erst in den letzten Jahren werden psychologische

Konstrukte (z.B. grundlegende Persönlichkeitsmerkmale, Lebenszufriedenheit) auch in großen nationalen und internationalen repräsentativen Stichproben berücksichtigt, z.B. im Sozio-Ökonomischen Panel (SOEP, www.diw.de/soep). Die Befunde, die auf der Basis solcher repräsentativer Stichproben gewonnen werden, sind valider und ein notwendiges Korrektiv für die bisherigen Ergebnisse aus Gelegenheitsstichproben (vgl. zu dieser Problematik Henrich, Heine & Norenzayan, 2010). Die Durchführung einer repräsentativen Erhebung ist sehr aufwändig und kostspielig und kann deshalb nur von Organisationen oder Institutionen mit entsprechenden finanziellen Mitteln realisiert werden (das SOEP z.B. wird vom Deutschen Institut für Wirtschaftsforschung durchgeführt, vgl. www.diw.de/soep). Ausführliche Darstellungen verschiedener Techniken der Stichprobenziehung geben Bortz und Döring (2006) sowie Schnell, Hill und Esser (2008).

2. *Treatment:* Psychologische Studien zielen häufig darauf ab, die Wirkung von sogenannten Treatments zu untersuchen bzw. zu prüfen. Anders als die wörtliche Übersetzung nahelegt, sind mit Treatments allerdings nicht nur „Behandlungen", wie z.B. psychotherapeutische oder Trainingsmaßnahmen gemeint, sondern auch bestimmte Reizkonstellationen oder situative Bedingungen, die v.a. in experimentellen Studien vom Versuchsleiter hergestellt werden. Wird z.B. Lernen durch das Hören von Musik beeinträchtigt? Führt die Anwesenheit anderer Personen beim Lösen einer kognitiven Aufgabe zu besseren Leistungen? Zur Untersuchung solcher Treatments wird in einer experimentellen Untersuchung eine sogenannte Kontrollgruppe mit einbezogen, deren Probanden mit den Versuchspersonen der Experimentalgruppe vergleichbar sind, aber kein Treatment erhalten (vgl. Kapitel 4). Das Experiment gilt in der Psychologie als der methodische Königsweg, weil damit Kausalhypothesen geprüft werden können. Die Durchführung einer experimentellen Untersuchung setzt aber voraus, dass die Treatments systematisch hergestellt und variiert werden können. Letzteres ist bei vielen psychologischen und insbesondere sozialwissenschaftlichen Fragestellungen aus prinzipiellen, ökonomischen und ethischen Gründen nicht möglich. Wenn z.B. die Bedeutung von Persönlichkeitsmerkmalen für Gesundheit und psychisches Wohlbefinden untersucht werden soll, dann können Persönlichkeitsmerkmale wie z.B. Extraversion, Gewissenhaftigkeit und emotionale Labilität nicht willkürlich variiert, d.h. hergestellt werden, da diese Eigenschaften als sogenannte Organismusvariablen bereits in einer bestimmten Ausprägung vorliegen.

In diesem Fall kommen korrelative Ansätze zum Einsatz, bei denen Kausalinterpretationen nicht oder nur eingeschränkt möglich sind (vgl. Kapitel 5).
3. *Setting:* Für psychologische und andere sozialwissenschaftliche Studien ist das Setting von entscheidender Bedeutung. Damit ist kurz gesagt der „Ort" bzw. Kontext der Untersuchung gemeint – und zwar der Ort mit allen seinen physikalischen, räumlichen, ökologischen und sonstigen Bedingungen, die potentiellen Einfluss auf die Durchführung und Datenerhebung haben können. Grundlegend ist die Unterscheidung zwischen Labor und Feld. Das Setting einer Studie kann in einem Labor weitestgehend kontrolliert bzw. hergestellt werden. In einer *Feldstudie* erfolgt die Untersuchung dagegen in der natürlichen, von der Versuchsleitung nicht veränderten Umwelt (z. B. Gruppenverhalten in einem Fußballstadion). Interventionen sind dabei nur eingeschränkt möglich (im Rahmen von quasi-experimentellen Studien, vgl. 4.1.2). Die höhere Kontrolle des Settings im Labor kann allerdings zu einer Künstlichkeit führen, die eine Übertragbarkeit der Ergebnisse auf reale Lebensbedingungen fraglich erscheinen lässt (vgl. zu diesem Problem Abschnitt 4.1.3). Auch für die Datenerhebung kann das Setting einen Unterschied machen. So liegen eigene Studien zur sogenannten Messäquivalenz vor, in denen untersucht wird, ob die Erfassung von Merkmalen vom Erfassungskontext (z. B. klassischer Paper-Pencil-Fragebogen vs. Online-Erhebung vs. telefonische Erhebung etc.) unabhängig ist (vgl. z. B. Kubinger, 2009).
4. *Zeitlicher Ablauf:* In jedem der drei Forschungsansätze muss auch festgelegt werden, zu welchen Zeitpunkten die Erhebung von Daten und gegebenenfalls die Durchführung von Treatments erfolgen soll. Dabei geht es dann in Abhängigkeit von der Forschungsfragestellung auch darum, ob bestimmte Merkmale nur zu einem oder zu mehreren Zeitpunkten erhoben werden sollen (vgl. hierzu die Ausführungen über Messwiederholungs-Designs im Kapitel 4.1.2).

Bereits im Stadium der Untersuchungsplanung sollte unbedingt überlegt werden, mit welchen statistischen Verfahren die erhobenen Daten analysiert werden können bzw. müssen, um die aufgestellten Hypothesen prüfen zu können. Zudem sind *ethische und rechtliche Aspekte der geplanten Studie* zu beachten und zu prüfen (vgl. Kapitel 8).

## 2.4 Durchführung der Untersuchung und Datenerhebung

Vor der eigentlichen Untersuchungsdurchführung und Datenerhebung ist es dringend geboten, in Vortests bzw. Pilotstudien (auch Pretests genannt) die zuvor geplante Versuchsanordnung und sämtliche Messinstrumente zu erproben und gegebenenfalls zu modifizieren. Die Durchführung einer empirischen Untersuchung ist ein mehr oder weniger komplexer Prozess, der genau geplant und sorgfältig umgesetzt werden muss. Das mag selbstverständlich und trivial klingen, kann aber gar nicht deutlich genug betont werden. Neben den bereits im letzten Abschnitt ausgeführten Planungsschritten sind u. a. folgende Aspekte zu beachten:

- Vorbereitung der Versuchsräume, des Versuchsmaterials und der technischen Hilfsmittel (Computer, Videokameras etc.). Idealerweise sollten immer auch Ersatzgeräte zur Verfügung stehen, falls für die Studie notwendige Computer oder Videokameras ausfallen.
- Schulung und bei längeren Untersuchungsreihen gegebenenfalls Nachschulung der Versuchsleiter und Versuchsleiterinnen bzw. der Personen, die Trainings oder Interventionen durchführen.
- Sicherstellung und genaue Dokumentation der Versuchsanordnung und der situativen Bedingungen der Datenerhebung.
- Insbesondere bei experimentellen Untersuchungen Beachtung und Dokumentation von Störvariablen (vgl. 4.3).
- Empirische Studien, in denen (psychotherapeutische) Interventionsmaßnahmen untersucht und evaluiert werden, sollten durch eine Supervison der durchführenden Trainer bzw. Therapeuten begleitet werden.

Da die Durchführung einer Studie für jeden einzelnen Probanden aus methodischen Gründen möglichst identisch ablaufen muss, ist der Ablauf eines Experiments, aber auch die Durchführung einer längerfristigen Interventionsmaßnahme so weitgehend wie möglich zu standardisieren. Deshalb ist ein genauer Ablaufplan, eine Art „Drehbuch" notwendig, in dem festgelegt ist, wer wann was und wie sagt, macht oder durchführt, und wann Daten erhoben werden. Würde ein Experiment oder eine Intervention bei jeder Versuchsperson immer mehr oder weniger anders ablaufen, dann wären die einzelnen Fälle nicht vergleichbar und könnten auch nicht zusammenfassend betrachtet und analysiert werden.

## 2.5 Datenanalyse und Hypothesenprüfung

Die eingesetzten Erhebungsinstrumente liefern verschiedene *Arten von Daten*. Die Informationen, die bei den untersuchten Personen erhoben wurden, müssen dann bei quantitativen Auswertungen so transformiert werden (in der Regel in Zahlen), dass sie in statistische Auswertungsprogramme (wie z. B. SPSS, vgl. Exkurs „Was ist Statistik?") eingegeben und statistisch weiterverarbeitet werden können. Das setzt insbesondere eine eindeutige *Zuordnung* von Symbolen (z. B. Zahlen) zu bestimmten Informationen über Merkmale bzw. Merkmalsausprägungen voraus. Dieser Prozess der Informationstransformation wird als *Codierung* bezeichnet und ist oft mit einem Verlust an Detailinformationen verbunden (vgl. z. B. Bortz & Döring 2006, Abschnitt 4.1.1). Bei Datensätzen, die auf großen repräsentativen Stichproben basieren, ist die Codierung der erhobenen und transformierten Variablen in sogenannten Code- oder Skalenhandbüchern genau dokumentiert, damit verschiedene Nutzer die Bedeutung der Daten nachvollziehen können. Auch bei weniger umfangreichen, nicht-repräsentativen Datensätzen ist eine genaue Dokumentation in einem Skalenhandbuch dringend zu empfehlen, da häufig nicht alle möglichen Analysen unmittelbar nach der Studie umgesetzt bzw. oft noch viel später sogenannte Reanalysen mit neueren Methoden durchgeführt werden. Letzteres ist nur dann sinnvoll möglich, wenn nachvollzogen werden kann, wie die Variablen in einem Datensatz zustande gekommen sind und welche Bedeutung sie haben.

*Datenaufbereitung bei unterschiedlichen Datenquellen:* Je nach Datenquelle ist vor der eigentlichen statistischen Analyse eine unterschiedliche Aufbereitung notwendig. Sind die Daten z. B. mit einem klassischen Paper-Pencil-Fragebogen erhoben worden, so ist eine Eingabe in ein geeignetes statistisches Analyseprogramm notwendig. Dieser Schritt entfällt zwar bei online durchgeführten Studien, allerdings können bei dieser mit vielen Vorteilen verbundenen Methode der Datenerhebung (vgl. z. B. Gosling, Vazire, Srivastava & John, 2004) spezielle Probleme auftreten, die es in dieser Form bei einer Paper-Pencil-Erfassung nicht gibt (vgl. Johnson, 2006). Noch aufwändiger ist die Aufbereitung von Daten aus Interviews, die in der Regel transkribiert, d. h. auf der Basis der Audioaufzeichnung verschriftlicht werden müssen, um einer weiterführenden qualitativen und/oder quantitativen Analyse zugänglich gemacht werden zu können.

*Datenbereinigung:* Ein weiterer Schritt, der vor der eigentlichen statistischen Analyse der Daten vollzogen werden muss, ist die sogenannte Datenbereinigung. Insbesondere bei der Übertragung von Paper-Pencil-Daten in ein Analyseprogramm können Eingabefehler auftreten, die sich zumindest dann im Rahmen einer Fehler- und Plausibilitätsprüfung identifizieren lassen, wenn z.B. anstelle einer 2 versehentlich eine 22 eingegeben wurde. Solche Zahlen, die außerhalb des Wertebereichs einer Skala liegen, die z.B. Werte von 0–5 umfasst, lassen sich relativ leicht ermitteln. Schwieriger ist der *Umgang mit fehlenden Werten* bei einzelnen Probanden. Fehlende Werte können ersetzt werden, wenn zufälliges Fehlen sichergestellt ist. Diese Voraussetzung kann mit dem sogenannten MCAR-Test von Little und Rubin (1987) geprüft werden (MCAR bedeutet missing completely at random). Bereits vor der Anwendung dieses Tests können Probanden ausgeschlossen werden, die ganze Abschnitte oder Seiten eines Fragebogens nicht bearbeitet haben. Einzelne, zufällig fehlende Werte können mit Hilfe verschiedener Algorithmen geschätzt und ersetzt bzw. „imputiert" werden. Geeignete Algorithmen stehen z.B. innerhalb des Analyseprogramms SPSS zur Verfügung. Weiterführende Informationen zum Umgang mit fehlenden Werten, finden sich z.B. bei Lüdtke, Robitzsch, Trautwein und Köller (2007).

*Bildung von Skalenwerten:* Psychologische Konstrukte, z.B. Persönlichkeitsmerkmale, werden mit Hilfe mehrerer Items (Feststellungen, Aufgaben oder Fragen) erhoben, die dann nach bestimmten Kriterien (vgl. Kapitel 3 sowie Abschnitt 5.2.3), zu einem sogenannten Summenscore oder Skalenwert zusammengefasst werden. Wenn nun Zusammenhänge von Persönlichkeitsmerkmalen zu anderen Persönlichkeitsmerkmalen oder zu Kriterien wie Studienerfolg, Lebenszufriedenheit oder Gesundheit statistisch analysiert werden sollen, dann wird mit diesen Skalenwerten gerechnet, die eine höhere Messgenauigkeit aufweisen als einzelne Items (vgl. 5.2.3).

---

**Exkurs: Was ist Statistik?**

Der Begriff Statistik stammt vom Lateinischen „statisticum" = „den Staat betreffend". Im 18. und 19. Jahrhundert war Statistik in erster Linie die „Lehre von der Zustandsbeschreibung des Staates" (Hartung, Elpelt & Klösener, 2009, S. 1). Es ging also um das Sammeln und Analysieren von Daten, die den Staat betreffen, z.B. das Anlegen von Tauf-, Heirats-, und Sterberegistern oder Zahlen zum Heer, Gewerbe etc. Über diese ursprüngliche Bedeutung hinausgehend, versteht man heute unter Statistik mathematische Methoden, mit denen große Datenmengen grafisch oder mit Hilfe von zusammenfassenden Kennwerten reduziert und aufbereitet werden, so dass Regelmäßigkeiten in den Daten deutlich werden. Statistik ist zudem ein Teilgebiet der Mathematik und wird oft in einem Atemzug genannt mit der Stochastik (i.e. S.: Wahrscheinlichkeitstheorie, i.w. S.: Oberbegriff für Wahrscheinlichkeitstheorie und Statistik). Die Statistik ist für mehrere Disziplinen relevant und deshalb interdisziplinär ausgerichtet. Auch in unserem Alltag werden wir auf Schritt und Tritt mit Statistik konfrontiert. In den TV-Nachrichten und in Zeitungen werden wir z. B. über die Häufigkeiten von Autounfällen, Eheschließungen und Geburten informiert oder über die durchschnittliche Zeit, die Kinder und Jugendliche pro Tag am Computer verbringen.

*Weitere Wortbedeutung von Statistik:* Der eben erwähnte Durchschnitt oder Mittelwert ist ein besonders häufig berichteter Kennwert zur Charakterisierung der sogenannten zentralen Tendenz einer Datenmenge. Solche Kennwerte werden ihrerseits als *Statistiken* bezeichnet, wenn sie sich auf eine Stichprobe beziehen. Man spricht also von Statistiken und meint damit Kennwerte, die mit Hilfe von mathematischen Formeln berechnet wurden. Stichprobenstatistiken sind zu unterscheiden von den (meist unbekannten) Kennwerten, die eine Grundgesamtheit oder Population betreffen. Da es finanziell und zeitlich viel zu aufwändig wäre, die am Computer verbrachte Zeit bei *allen* in Deutschland lebenden Kindern und Jugendlichen zwischen 6 und 16 Jahren über einen bestimmten Zeitraum zu erfassen, begnügt man sich mit einer möglichst repräsentativen Stichprobe. Unter bestimmten Bedingungen kann dann aus dem Mittelwert der Stichprobe (Stichprobenstatistik) der Mittelwert der Population (Parameter) geschätzt werden.

*Warum brauchen wir Statistik in der Psychologie?* Die wissenschaftliche Psychologie zielt darauf ab, menschliches Erleben und Verhalten zu beschreiben, zu erklären, vorherzusagen und zu verändern. Im ersten Kapitel wurde darauf hingewiesen, dass diese Ziele mit Hilfe von Forschungsmethoden weniger fehlerbehaftet, systematischer und präziser erreicht werden können als in der Alltagspsychologie. Die Statistik ist derjenige Teil dieser Forschungsmethoden, der die Aufbereitung und Analyse von Daten zum menschlichen Erleben und Verhalten betrifft. Bei den Daten handelt es sich um Zahlen, die je nach dem sogenannten Skalenniveau der Messung (vgl. Kapitel 3) einen unterschiedlichen Informationsgehalt aufweisen. Wie die Ausprägungen psychischer Merkmale mit Hilfe von Zahlen ausgedrückt werden können, wird im dritten Kapitel zum Thema Messen und Testen erläutert. Die Statistik bietet Methoden der Datenanalyse, mit denen wir z. B. die oben skizzierten Unterschieds-, Zusammenhangs- und Veränderungshypothesen wesentlich präziser, systematischer und eindeutiger prüfen können als die Alltagspsychologie.

*Statistik-Software:* Statistische Methoden zur Analyse von Daten basieren auf mathematischen Formeln, mit denen in der Regel große Datenmengen verrechnet werden. Im Prinzip ist eine solche Verrechnung mit Hilfe eines Taschenrechners möglich, und wir empfehlen allen Studierenden zumindest einige grundlegende Formeln mit kleinen Datensätzen auf diese Weise nachzuvollziehen, weil dadurch das Verständnis deutlich gefördert wird. Wir werden in diesem Buch verschiedene statistische Verfahren lediglich kurz erläutern, verweisen aber am Ende dieses Kapitels auf einige einschlägige Lehrbücher. Hinweisen möchten wir zudem auf einige der gängigsten Statistikprogramme, die in der Psychologie zur Datenanalyse verwendet werden: *SPSS* (Statistical Package for Social Scientists, siehe www.spss.com) ist das am weitesten verbreitete kostenpflichtige Programmpaket, das nach wie vor an fast allen Universitäten vermittelt und genutzt wird. Weniger verbreitet, aber wegen der sophistizierteren Möglichkeiten zur Durchführung komplexerer statistischer Verfahren (z. B. Strukturgleichungsmodelle) von vielen Methodikern sehr geschätzt, ist M*plus* (siehe www.statmodel.com). Zur Analyse von Strukturgleichungsmodellen wurden zudem spezielle Programme geschrieben, nämlich *LISREL* (LInear Structural RELations, siehe www.ssicentral.com) sowie das in SPSS integrierte *AMOS*. In den letzten Jahren ist zudem die Open-Source-Software *R* (so benannt nach den Anfangsbuchstaben der Vornamen der Begründer, siehe www.r-project.org) immer beliebter geworden und wird zunehmend mehr auch an den Universitäten genutzt und in Kursen gelehrt.

*Deskriptive und explorative Statistiken:* Nach der Datenbereinigung bzw. noch im Rahmen derselben werden in ersten deskriptiven und explorativen Datenanalysen die Häufigkeitsverteilungen der gemessenen Merkmale (wie häufig kommt welcher Wert, z. B. welches Alter der Probanden, vor) sowie z. B. Mittelwerte und Streuungen (die Abweichungen der Werte vom Mittelwert) inspiziert, um Voraussetzungen für die Durchführung statistischer Tests sicherzustellen. Ein weiteres wichtiges Ziel besteht dabei in der Identifikation von sogenannten *Ausreißern* und *Extremwerten.* Es handelt sich dabei um Werte, die deutlich über oder unter dem Mittelwert der Verteilung einer Variablen liegen. Zum Umgang mit solchen Extremwerten gibt es verschiedene Möglichkeiten, die auch von den geplanten weiteren Analysen abhängen. Grundsätzlich gilt, dass Extremwerte identifiziert und beachtet werden müssen, da ansonsten weiterführende statistische Analysen zu völlig verzerrten und letztendlich falschen Ergebnissen führen können. In den letzten Jahren ist auch in der Psychologie auf sogenannte *robuste Statistiken* hingewiesen worden (vgl. Erceg-Hurn & Mirosevich, 2008); es handelt sich dabei um spezielle Analysemethoden, mit denen problematische Extremwerte berücksichtigt und in ihrer verzerrenden Wirkung neutralisiert werden können.

*Inferenzstatistik:* Die eigentliche Prüfung der Hypothesen erfolgt dann im Anschluss an die genannten Schritte der Datenaufbereitung und -bereinigung mit verschiedenen inferenzstatistischen Verfahren und Tests. Dabei müssen bestimmte Voraussetzungen berücksichtigt und geprüft werden, zu denen insbesondere die Verteilungsform sowie das sogenannte Skalenniveau der Variablen gehört (vgl. Kapitel 3).

Die oben formulierte Unterschiedshypothese: „Männer und Frauen unterscheiden sich im Ausmaß sozialer Angst", lässt sich als Mittelwertsunterschied im Ausmaß sozialer Angst darstellen. Eine Prüfung dieses Mittelwertsunterschieds kann durch statistische Tests erfolgen, denen *statistische Hypothesen* zugrunde liegen. Statistische Hypothesen beinhalten eine *Nullhypothese* $H_0$, in der in der Regel angenommen wird, dass ein bestimmter Unterschied (oder Zusammenhang) *nicht* besteht, und einer *Alternativhypothese* $H_1$, in der behauptet wird, dass ein Unterschied (Zusammenhang) besteht. Formal werden Null- und Alternativhypothese wie folgt ausgedrückt (nachfolgend populationsbezogen und daher mit griechischen Buchstaben):

$H_0: \mu_1 = \mu_2$
$H_1: \mu_1 \neq \mu_2$

Warum wird die zuvor formulierte Unterschiedshypothese im Rahmen einer statistischen Hypothese geprüft? Die Unterschiedshypothese bezieht sich auf Männer und Frauen im Allgemeinen. Nun ist es unmöglich – oder in anderen Fällen zu kostspielig – alle Männer und Frauen bzw. alle Personen einer Grundgesamtheit im Hinblick auf ein interessierendes Merkmal zu untersuchen. Aus diesem Grund werden möglichst repräsentative Stichproben aus den Grundgesamtheiten der Männer und Frauen gezogen und die jeweilige Ausprägung von sozialer Angst mit einem geeigneten diagnostischen Instrument erfasst. Die in der Stichprobe ermittelten geschlechtsspezifischen Mittelwerte lassen sich als bestmögliche Schätzungen der jeweiligen Populationsmittelwerte verwenden. Warum das so ist, wird gleich noch in Grundzügen erläutert.

Mit Hilfe eines t-Tests für unabhängige Stichproben (unabhängig, weil die Ziehung der männlichen Probanden aus der Grundgesamtheit keinen Einfluss hat auf die Ziehung der Frauen aus der Grundgesamtheit und umgekehrt) lässt sich dann prüfen, ob sich die beiden Mittelwerte signifikant voneinander unterscheiden. Der t-Test ist einer der gebräuchlichsten Signifikanztests, bei denen es generell um die Überprüfung von Hypothesen über Populationsparameter geht. Eine Übersicht zu verschiedenen Tests zur Prüfung von statistischen Hypothesen liefert der Entscheidungsbaum von Vorberg und Blankenberger (1999), der auch im Internet verfügbar ist.

Die Signifikanz wird statistisch durch eine sogenannte bedingte Wahrscheinlichkeit p(Ergebnis|$H_0$) geschätzt, die in unserem Beispiel indizieren würde, dass der zwischen den Stichproben gefundene Geschlechtsunterschied oder ein noch deutlicherer Unterschied auftritt, unter der Bedingung bzw. Annahme, dass die $H_0$ zutrifft. Diese bedingte Wahrscheinlichkeit muss dabei kleiner oder gleich einer vorgegebenen Irrtumswahrscheinlichkeit $\alpha$ sein, die in der Psychologie per Konvention 5 % oder 1 % beträgt. Wenn die bedingte Wahrscheinlichkeit kleiner ist als das Kriterium von 5 % oder 1 %, wenn es also sehr unwahrscheinlich ist, dass der ermittelte Geschlechtsunterschied unter Annahme der Gültigkeit der $H_0$ auftritt, dann wird geschlussfolgert, dass diese sehr unwahrscheinliche Abweichung von der Nullhypothese kein Zufall mehr sein kann. Das Ergebnis wird als statistisch signifikant bewertet, die Nullhypothese (kein Geschlechtsunterschied) wird verworfen und die Alternativhypothese vorläufig angenommen. Vorläufig, weil trotz der niedrigen Wahrscheinlichkeit für den ermittelten Geschlechtsunterschied in der Grundgesamtheit dennoch die $H_0$ zutreffen könnte – was unter anderem auch mit der verwendeten Methode (Fragebogen) zu tun haben kann. Erst wenn in mehreren Studien mit verschiedenen Stichproben und verschiedenen Methoden immer wieder ein Geschlechtsunterschied für soziale Ängstlichkeit resultiert, kann man sich zunehmend sicherer sein, dass die $H_1$ zutrifft.

Vor der Nennung des t-Tests als geeignetes Verfahren zur Prüfung von Mittelwertsunterschieden, wurde behauptet, dass ein Mittelwert, der sich in einer gegebenen Stichprobe berechnen lässt, die beste Schätzung für den Mittelwert in der Population liefert. Um diese Behauptung begründen zu können, wird im Folgenden in knapper Form auf Stichprobenkennwerte-Verteilungen, das Gesetz der großen Zahl sowie das zentrale Grenzwerttheorem und die damit verbundene Normalverteilung eingegangen. Es handelt sich dabei um Konzepte aus der Wahrscheinlichkeitstheorie, die grundlegend für die Inferenzstatistik ist. Eine ausführliche Auseinandersetzung mit den wahrscheinlichkeitstheoretischen Grundlagen der Inferenzstatistik würde den Rahmen dieses Buches sprengen, ist aber unabdingbar, um statistische Tests sachgerecht durchführen und interpretieren zu können. Wir verweisen deshalb am Ende dieses Kapitels auf einschlägige Statistik-Lehrbücher, in denen die wahrscheinlichkeitstheoretischen Grundlagen in der gebührenden Breite und Tiefe erläutert werden.

*Stichprobenkennwerte-Verteilungen:* Angenommen wir hätten bei einer Grundgesamtheit von 1000 männlichen Psychologiestudierenden einer Universität in einer Totalerhebung die soziale Ängstlichkeit erfasst. Wir können nun den Mittelwert für soziale Ängstlichkeit in dieser Grundgesamtheit bzw. Population berechnen. Wenn wir nun immer wieder Zufallsstichproben von je 100 Studenten aus dieser Population ziehen und die jeweiligen Mittelwerte für soziale Ängstlichkeit bestimmen, dann erhalten wir eine sogenannte Stichprobenkennwerte-Verteilung, eine Verteilung der Mittelwerte der verschiedenen gezogenen Stichproben. Man kann nun zeigen, dass in dieser Stichprobenkennwerte-Verteilung Mittelwerte, die mit dem Mittelwert der Population identisch oder diesem Populationsparameter sehr ähnlich sind, am häufigsten vorkommen. Anders ausgedrückt haben Stichproben-Mittelwerte, die dem Populationsparameter gleich oder sehr ähnlich sind, die höchste Auftretenswahrscheinlichkeit (für eine diesbezügliche beispielhafte Simulation, vgl. Sedlmeier & Renkewitz, 2008, S. 312 ff sowie Sedlmeier & Köhlers, 2001).

*Gesetz der großen Zahl:* Generell liefern Stichprobenstatistiken sogenannte *erwartungstreue Schätzungen* der Populationsparameter. Die Schätzungen der Stichprobenstatistiken sind im Durchschnitt umso genauer, je größer die Stichprobe ist (sogenanntes *Gesetz der großen Zahl*). Aus diesem Grund kann der Mittelwert (und auch andere Statistiken), der auf der Basis einer einzigen Stichprobe berechnet wurde, als Schätzung für den entsprechenden Populationsparameter herangezogen werden, weil die Wahrscheinlichkeit, dass der Stichprobenmittelwert dem Populationsmittelwert entspricht oder sehr ähnelt höher ist als die Wahrscheinlichkeit eines anderen Wertes.

*Zentrales Grenzwerttheorem und Normalverteilung:* Nach dem zentralen Grenzwerttheorem nähert sich mit steigender Stichprobengröße zudem jede Verteilung von Stichprobenstatistiken der Normalverteilung bzw. Standardnormalverteilung an. Die Normalverteilung ist die wichtigste Verteilung in der Statistik und die „Mutter der Stichprobenverteilungen" (Sedlmeier & Renkewitz, S. 332), weil jede Stichprobenkennwerte-Verteilung mit zunehmender Stichprobengröße (theoretisch bei n → ∞) wie gesagt in die Normalverteilung übergeht. Jede Normalverteilung kann durch eine sogenannte z-Transformation in eine Standardnormalverteilung überführt werden (vgl. Abb. 2-1). Die Standardnormalverteilung hat einen Mittelwert von 0 und eine Standardabweichung von 1. Innerhalb des Bereichs von +/− 1 Standardabweichungen liegen ungefähr 68 % aller Werte, innerhalb des Bereichs von +/− 2 Standardabweichungen liegen etwa 95 % aller Werte. Der oben skizzierte t-Test und die auch im Kapitel 5.1 beschriebene Varianzanalyse basieren auf der Annahme, dass Populationswerte normalverteilt sind. Insgesamt überdeckt die Fläche der Standardnormalverteilung 100 %. Vor diesem Hintergrund lassen sich die Wahrscheinlichkeiten bestimmter Werte oder aber Intervalle, in denen

Werte mit einer bestimmten Wahrscheinlichkeit liegen, ermitteln. Im oben beschriebenen t-Test zur Prüfung des vermuteten Geschlechtsunterschieds bei sozialer Ängstlichkeit wurden solche Wahrscheinlichkeiten verwendet, um einen stichprobenbezogenen Mittelwertsunterschied zufallskritisch abzusichern. Da in der Psychologie und auch in anderen Bereichen häufig nur kleine Stichproben zur Verfügung stehen, wurden weitere Verteilungen entwickelt (nur bei großen Stichproben können wir die Normalverteilung heranziehen). Die wichtigsten Verteilungen sind die t-, F-, und Chi-Quadrat-Verteilungen (vgl. Bortz & Schuster, 2010, Kapitel 5).

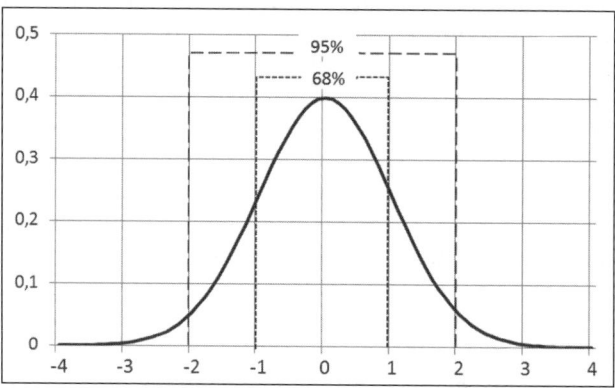

*Abbildung 2-1* Standardnormalverteilung (generiert mit EXCEL 2010)

## 2.6 Interpretation und Diskussion der Ergebnisse

Das Ergebnis einer statistischen Analyse, z. B. eines statistischen Tests, sind zunächst wieder „nur" Zahlen. Der erste Schritt der Interpretation besteht deshalb darin zu erläutern, was diese Zahlen inhaltlich bedeuten. Bei der Prüfung statistischer Hypothesen resultieren Zahlen, die eine Beibehaltung oder Verwerfung der Nullhypothese indizieren. Die Bedeutung dieser Zahlen lässt sich dann z. B. so interpretieren: Nach den Ergebnissen unserer Studie unterscheiden sich Männer und Frauen im Ausmaß sozialer Ängstlichkeit (Verwerfung der Nullhypothese) oder: Entgegen unserer Erwartung resultierten in unserer Studie keine Unterschiede im Ausmaß sozialer Ängstlichkeit zwischen Männern und Frauen (Beibehaltung der Nullhypothese). Die Interpretation der

Ergebnisse erschöpft sich aber nicht in einer rein verbalen Übersetzung der Ergebnisse statistischer Tests. In weiteren Schritten erfolgt die Interpretation der Befunde im Kontext des theoretischen Bezugsrahmens sowie ein Vergleich der eigenen Befunde mit den Ergebnissen aus vorangegangen Untersuchungen, an die angeknüpft wurde. Dabei gilt es einerseits, die aufgetretenen Abweichungen der Ergebnisse von den eigenen Hypothesen bzw. theoretisch begründeten Erwartungen zu interpretieren, und andererseits Unterschiede, die beim Vergleich der eigenen Ergebnisse mit den Ergebnissen anderer Studien aufgetreten sind, zu erklären. In diesem Zusammenhang ist es notwendig, die einzelnen Schritte der Untersuchung noch einmal bzgl. der Unterschiede zu anderen vorliegenden Studien und im Hinblick auf mögliche Einflüsse verschiedenster Bedingungs- und Störfaktoren „abzuklopfen".

Weiterhin ist es üblich, im Rahmen der Interpretation und Diskussion der Ergebnisse *Vorschläge* zur Weiterentwicklung des methodischen Vorgehens (z. B. zu den Erhebungsinstrumenten und zum Forschungsansatz) sowie zur Modifikation des verwendeten theoretischen Bezugsrahmen vorzustellen und Hinweise für weiterführende Forschungsmöglichkeiten zu geben.

## 2.7 Präsentation und Publikation

Nach der Durchführung sind die Ergebnisse einer empirischen Studie sowie damit verbundene Schlussfolgerungen und theoretische Überlegungen zunächst nur der beteiligten Forschergruppe oder im Extremfall lediglich einer einzelnen Person zugänglich. In einer empirischen Studie erworbenes Wissen sollte aber weitergegeben, also publiziert werden. Die Publikation empirischer Befunde ist aus mehreren Gründen geboten: Wissenschaft lässt sich als Prozess konstruieren, in dem Wissen generiert, zur Diskussion gestellt, verglichen, kritisiert, verworfen etc. wird. Ein solcher Prozess ist nur möglich, wenn empirische Befunde anderen Wissenschaftlern zugänglich gemacht werden. Weiterhin sollten die Ergebnisse von Forschungsprojekten, die mit öffentlichen Geldern finanziert wurden, auch der Öffentlichkeit zur Verfügung gestellt werden. Schließlich gibt es für den einzelnen Wissenschaftler/die einzelne Wissenschaftlerin noch einen weiteren, karrierebezogenen Grund: Hervorragende Publikationen sind in der Psychologie ein, um nicht zu sagen *das* Hauptkriterium für die Allokation von beruflichen Positionen im akademischen Bereich. Dieser Umstand wird im Englischen mit der knappen und lakonischen Formel *Publish or perish* auf den Punkt gebracht: Wer nicht publiziert, geht unter.

Empirische Untersuchungen, die außerhalb der Forschung zur Beantwortung von Fragestellungen oder Aufträgen in den unterschiedlichen psychologischen Berufsfeldern durchgeführt wurden, sollten zumindest dokumentiert werden. Eine solche Dokumentation ist sinnvoll und mitunter auch vorgeschrieben, um die Qualität der eigenen Arbeit nachzuweisen und auch zu reflektieren. Im Fall einer Gutachtenerstellung ist eine Verschriftlichung zudem das entscheidende Endprodukt des Auftrags. Gutachten sind selbstverständlich keine Publikationen, sondern nur für einen sehr eingeschränkten Personenkreis bestimmt (vgl. Zuschlag, 2002 zu den rechtlichen Aspekten der Gutachtenerstellung).

Für die Publikation empirischer Befunde kommen unterschiedliche Formen infrage, die im Kapitel 7 im Einzelnen erläutert werden. Fachzeitschriften mit sogenanntem peer review (anonyme Begutachtung durch ausgewiesene Experten, vgl. Kapitel 7) kommt für die Publikation empirischer Studien herausragende Bedeutung zu. Zudem lässt sich wissenschaftliches Wissen auch in Form eines Vortrags oder Posters auf Konferenzen vermitteln.

Die Publikation einer empirischen Studie in einer Fachzeitschrift ist an eine bestimmte Darstellungsstruktur gebunden (Einführung – Methode – Ergebnisse – Diskussion – Literaturverzeichnis, vgl. Kapitel 7) und erfordert die Beachtung von formalen Konventionen, etwa dem korrekten Zitieren anderer Quellen im Text und Literaturverzeichnis. Jeder Studierende muss sich mit diesen Strukturen und Konventionen auseinandersetzen, weil sie auch in Bachelor- und Masterarbeiten beachtet werden müssen, die z. T. auf Universitätsservern in eigenen Verzeichnissen in digitaler Form abgelegt werden können.

# Präsentation und Publikation

📖 Literaturempfehlungen

Bortz, J. & Döring, N. (2006). *Forschungsmethoden und Evaluation.* Heidelberg: Springer. Kapitel 1 und 6.

McGuire, W. J. (1997). Creative hypothesis generating in psychology: Some useful heuristics. *Annual Review of Psychology, 48,* 1–30.

Gigerenzer, G. (1988). Woher kommen Theorien über kognitive Prozesse? *Psychologische Rundschau, 39,* 91–100.

📖 Lehrbücher zur Statistik

Bortz, J. & Schuster, C. (2010). *Statistik für Human- und Sozialwissenschaftler.* Berlin: Springer.

Bühner, M. & Ziegler, M. (2009). *Statistik für Psychologen und Sozialwissenschaftler.* München: Pearson.

Eid, M., Gollwitzer, M. & Schmitt, M. (2010). *Statistik und Forschungsmethoden.* München: Beltz.

Mittag, H.-J. (2011). *Statistik. Eine interaktive Einführung.* Berlin: Springer.

Sedlmeier, P. & Renkewitz, F. (2008). *Forschungsmethoden und Statistik in der Psychologie.* München: Pearson.

# 3 Grundlagen des Messens und Testens in der Psychologie

„Thesis 6. Whatever exists at all, exists in some amount.
[E. L. Thorndike].
Thesis 7. Anything that exists in amount can be measured."
William A. McCall (1939, p. 15)

Im Jahr 1786 stellte kein Geringerer als Immanuel Kant kategorisch fest, dass die „empirische Seelenlehre" keine „Seelenwissenschaft" sein kann, weil psychische Phänomene weder messbar noch experimentell analysierbar seien. Kant war gegen Ende des 18. Jahrhundert bereits ein außerordentlich einflussreicher Philosoph, dessen Worte großes Gewicht hatten. Es ist deshalb als einer der wichtigsten Meilensteine in der Geschichte der Etablierung der Psychologie als eigenständiger Wissenschaft zu werten, dass Gustav Theodor Fechner 1860 den Nachweis der Messbarkeit psychischer Phänomene erbringen konnte. Fechner ist es gelungen, die subjektive Empfindungsstärke gegenüber physikalischen Reizen (z. B. Tönen, Lichtintensitäten) zu messen und in eine mathematische Beziehung zu bringen. Die sogenannte psychophysische Funktion, auch als „Weber-Fechnersches Gesetz" bekannt, besagt, dass die Stärke einer subjektiven Empfindung gegenüber einem physikalischen Reiz nicht linear mit der Reizstärke anwächst, sondern einer logarithmischen Funktion folgt.

Auch heute gelten die Messbarkeit psychischer Phänomene und insbesondere die damit verbundene Entwicklung geeigneter Messinstrumente als zentrale Leistungen der wissenschaftlichen Psychologie (z. B., AERA, 1999, Gigerenzer, 1981). Bei vielen psychologischen Laien und auch bei etlichen Psychologie-Studierenden trifft man manchmal auf mehr oder weniger deutlich geäußerte Vorbehalte gegenüber psychologischen Messungen: Die Seele kann man doch nicht in Zahlen ausdrücken! Nicht zu leugnen ist aber, dass jeder und jede von uns in alltagssprachlichen Beschreibungen psychischer Merkmale ständig quantifizierende Ausdrücke verwendet. Ganz selbstverständlich reden wir davon, dass Person A intelligenter, aggressiver, durchsetzungsfähiger, ängstlicher, freundlicher ... ist als Person B, aber weniger ... als Person C usw. Auch in der wissenschaftlichen Psychologie werden z. B. im Rahmen der

Einzelfalldiagnostik solche Aussagen gemacht wie „Person A ist intelligenter als Person B". Allerdings unterscheidet sich der Weg, der zu einer solchen Aussage in der wissenschaftlichen Psychologie führt, fundamental von der Alltagspsychologie: Das hypothetische Konstrukt Intelligenz wird mit einem geeigneten diagnostischem Instrument gemessen und mit Hilfe von Zahlen präzisiert; es resultiert ein Intelligenzquotient, d.h. ein Wert, der z. B. zu dem durchschnittlichen Wert einer Vergleichsstichprobe oder zum Wert eines anderen Probanden nach statistischen Regeln in Beziehung gesetzt werden kann (vgl. 6.3). Die auch in der Alltagspsychologie anzutreffende Aussage: „Person A ist intelligenter als Person B" wird in der wissenschaftlichen Psychologie also mithilfe von Messung und Zahlen genauer und differenzierter begründet und es können dann auch gültigere Schlussfolgerungen abgeleitet werden.

Im vorherigen Kapitel ist deutlich geworden, dass zentrale Schritte im Ablauf einer psychologischen Studie darin bestehen, hypothetische Konstrukte, wie z.B. Angst oder Intelligenz, messbar zu machen und mit geeigneten Methoden Daten zu erheben (Operationalisierung), die dann mit statistischen Verfahren analysiert werden. Die erhobenen Daten sind nichts anderes als Messwerte. Messen ist – kurz gesagt – die Zuordnung von Zahlen zu den Merkmalsausprägungen von Objekten. Im Abschnitt 3.1 werden wir diese Definition von Messen genauer erläutern und drei damit zusammenhängende Kardinalprobleme erörtern: das Repräsentations-, das Eindeutigkeits- und das Bedeutsamkeitsproblem. Insbesondere mit der Lösung des Eindeutigkeitsproblems verbunden ist das sogenannte Skalenniveau der Messung (Abschnitt 3.2). Die fünf in der Psychologie unterschiedenen Skalenniveaus geben an, welche Transformationen der Messwerte zulässig sind und welche weiterführenden statistischen Analysen sinnvoll durchgeführt werden können.

Während im Rahmen der Kardinalprobleme und Skalenniveaus festgelegt wird, ob überhaupt und mit welchem Informationsgehalt gemessen werden kann, erlauben die drei Kriterien der Objektivität, Reliabilität und Validität eine Beurteilung der Qualität bzw. Güte der Messungen psychologischer Konstrukte (Abschnitt 3.3). Diese drei Gütekriterien wurden im Rahmen der sogenannten *Klassischen Testtheorie* (KTT) entwickelt, auf die wir lediglich kursorisch verweisen.

Nachdem in den Abschnitten 3.1–3.3 erläutert wurde, wie bestimmte Aspekte des menschlichen Erlebens und Verhaltens in Zahlen bzw. Messwerte „übersetzt" werden können, widmet sich der Abschnitt 3.4 verschiedenen Datenquellen und Erhebungsmethoden, die zu solchen Messwerten führen.

## 3.1 Messen

*Messen* ist die Zuordnung von Zahlen zu Merkmalsausprägungen von Objekten; in der Psychologie sind die „Objekte" in der Regel Personen. Die Zuordnung von Zahlen muss nach bestimmten Regeln erfolgen, so dass sich die empirischen Relationen zwischen den Objekten in den numerischen Relationen zwischen den Zahlen widerspiegeln (Orth, 1974; Gigerenzer, 1981; Steyer & Eid, 2001; Stevens, 1951).

Diese Definition von Messen soll zunächst durch ein Alltagsbeispiel veranschaulicht werden. So können wir das Gewicht (Merkmalsausprägung) einer Person (Objekt) mit einer Waage (Messinstrument) messen und erhalten dabei eine Zahl, die die Ausprägung des Gewichts bei dieser Person indiziert. So weit, so einfach. Ebenfalls einfach und unmittelbar einsichtig ist die Tatsache, dass die Zuordnung der Zahlen bei der Gewichtsmessung nicht beliebig, sondern nach bestimmten Regeln erfolgt. Bei der Gewichtsmessung im Alltag gehen wir ganz selbstverständlich davon aus, dass einer Person A, die doppelt so viel wiegt wie eine andere Person B, auch eine doppelt so große Zahl zugeordnet wird. Formal ausgedrückt sollen sich die empirischen Relationen (A ist doppelt so schwer wie B) in den numerischen Relationen (A wiegt 90 Kilogramm, B wiegt 45 Kilogramm) widerspiegeln. Da wir bei der alltäglichen Messung von physikalischen Größen wie Gewicht und Zeit daran gewöhnt sind, die Verhältnisrelation (doppelt/halb so schnell bzw. schwer) anzuwenden, besteht die Tendenz, diese Relation auch auf die Messwerte bestimmter psychologischer Konstrukte, wie z.B. Intelligenz oder Ängstlichkeit, zu übertragen. Wenn also Person A einen IQ von 70 aufweist und Person B einen IQ von 140, dann ist B doch doppelt so intelligent wie A, oder? Letzteres ist falsch, weil die Messung von Persönlichkeitsmerkmalen auf einem anderen Skalenniveau erfolgt als die Messung von Gewicht und Zeit (vgl. 3.2). Das Skalenniveau einer Messung hängt mit drei messtheoretischen Kardinalproblemen, insbesondere mit dem Eindeutigkeitsproblem, zusammen, die wir im Folgenden etwas genauer erläutern möchten.

Die in der Definition genannte Zuordnung von Zahlen zu den Merkmalsausprägungen von Objekten wird in der Messtheorie als *Abbildung* bezeichnet. Eine Menge von Zahlen und deren mathematische Beziehungen wird *numerisches Relativ* genannt; eine Menge von Objekten und deren beobachtbare Beziehungen *empirisches Relativ*. In der obigen Definition des Messens wird weiterhin betont, dass den Beziehungen zwischen den Zahlen analoge empirische Beziehungen zwischen den Objekten entsprechen müssen. Anders ausgedrückt muss die Struktur der empirischen Relationen bei der Abbildung in ein numerisches Relativ erhalten bleiben. Eine solche strukturerhaltende Abbildung wird *homomorph* genannt. Formal lässt sich Messen dann als *die homomorphe Abbildung eines empirischen Relativs in ein numerisches Relativ* definieren. Im Zusammenhang mit einer solchen homomorphen Abbildung stellen sich die folgenden drei zentralen messtheoretischen Probleme (z. B. Suppes & Zinnes, 1963).

*Repräsentationsproblem:* Wenn Messen die homomorphe Abbildung eines empirischen Relativs in ein numerisches Relativ ist, dann stellt sich zuallererst die Grundfrage: Gibt es eine solche homomorphe Abbildung überhaupt? Einfacher ausgedrückt: Ist ein Merkmal überhaupt messbar? Lässt sich ein gegebenes empirisches Relativ durch ein numerisches Relativ *repräsentieren*? Diese Grundfrage jedes Messvorgangs ist Gegenstand des sogenannten *Repräsentationsproblems:* Können relevante empirische Relationen zwischen den Merkmalsausprägungen verschiedener Untersuchungsobjekte erfasst und in Messwerten abgebildet werden? Im sogenannten Repräsentations*theorem* werden bestimmte Grundannahmen bzw. Axiome formuliert, in denen Eigenschaften des empirischen Relativs angegeben sind, die erfüllt sein müssen, damit eine Repräsentation in einem numerischen System möglich ist. Eine Eigenschaft des empirischen Relativs kann z. B. die Transitivität sein. Transitivität liegt vor, wenn gilt: wenn a > b und b > c, dann auch a > c. Bei physikalischen Messungen ist Transitivität gegeben: Wenn Person A schwerer ist als Person B und Person B schwerer als Person C, dann ist auch A schwerer als C. Ein gutes Beispiel für Intransitivität findet sich bei Sedlmeier und Renkewitz (2008, S. 58):

> Nehmen wir aber an, wir wollen die Spielstärke dreier Fußballteams messen. Zu diesem Zweck betrachten wir die Ergebnisse von Spielen zwischen diesen Teams. Das Team A hat das Team B geschlagen. Zudem hat Team B gegen das Team C gewonnen. Nun wäre es aller Erfahrung nach durchaus möglich, dass das Team A dennoch gegen Team C verliert. Augenscheinlich bestünde in diesem Fall also keine „echte" Ordnungsrelation zwischen den drei Teams hinsichtlich ihrer Spielstärke. Demgemäß kann diese Relation auch nicht ins numerische Relativ abgebildet werden

*Eindeutigkeitsproblem:* Wenn das Repräsentationsproblem gelöst ist, wenn also Axiome formuliert und auch empirisch überprüft wurden, die im empirischen Relativ gelten, dann ist eine homomorphe Abbildung, d. h. eine Messung, möglich. In der Regel können nun aber verschiedene Zuordnungen der empirischen Objekte zu Zahlen eine homomorphe Abbildung erzeugen, in der die empirischen Relationen in den numerischen Relationen zum Ausdruck kommen. So werden Sie intuitiv zustimmen, dass die Messungen „Größe des Vaters ist 2 Meter und Größe des Sohnes ist 1 Meter" genauso ausgedrückt werden können als „Größe des Vaters ist 200 Zentimeter und Länge des Sohnes ist 100 Zentimeter". Welche Transformationen der Messwerte zulässig sind, ohne dass die abzubildenden Relationen verändert werden, ist Gegenstand des *Eindeutigkeitsproblems*. Eine Messung ist umso eindeutiger, je weniger Transformationen möglich sind. Bei der angegebenen Größenmessung ist offensichtlich die Multiplikation mit einer positiven ganzen Zahl zulässig, weil dadurch die Relation „der Vater ist doppelt so groß wie der Sohn" erhalten bleibt. Würde man dagegen eine beliebige ganze Zahl zu der ursprünglichen Längenmessung addieren, so würde diese Relation nicht mehr gelten. Die sinnvollen Transformationen der Messwerte konstituieren das sogenannte Skalenniveau der Messung (vgl. 3.2).

Beim *Bedeutsamkeitsproblem* schließlich geht es um die Frage, welche mathematischen Operationen zu empirisch sinnvollen Aussagen führen. Das Bedeutsamkeitsproblem stellt sich erst im Anschluss an eine Messung und betrifft den „rechten Umgang" mit den Messwerten (Gigerenzer, 1981, S. 54). So macht es z. B. keinen Sinn, auf Nominalskalenniveau kodierte Werte für die Geschlechtszugehörigkeit (z. B. weiblich = 1; männlich = 2) zu mitteln. Ein Mittelwert für Geschlecht ist keine empirisch sinnvolle Aussage. Mit dem Bedeutsamkeitsproblem verbunden ist die Frage, welche statistischen Verfahren bei der weiteren Analyse der Daten sinnvoll angewendet werden können. Auch diese Frage betrifft das Skalenniveau der Messwerte.

Die drei messtheoretischen Probleme gehen auseinander hervor: Welche statistischen Operationen zu bedeutsamen Ergebnissen führen hängt von den zulässigen Transformationen ab. Bevor die Frage nach den zulässigen Transformationen gestellt werden kann, muss zunächst eine positive Antwort auf die Frage, ob eine Messung überhaupt möglich ist, gegeben werden können.

## 3.2  Skalenniveaus

Messtheoretisch und formal gesprochen wird eine *Skala* durch ein empirisches Relativ E, ein numerisches Relativ N und eine Zuordnungsregel bzw. Abbildungsfunktion f konstituiert. Etwas weniger formal ausgedrückt ist eine Skala eine (geordnete) Reihe von Zahlen, mit der die Ausprägungen eines Merkmals gemessen werden können. Entscheidend ist nun, was man mit den resultierenden Messwerten „machen" kann, d. h. welche Transformationen zulässig und welche statistischen Operationen sinnvoll sind. Die Menge der zulässigen Transformationen einer Messung und die dazu „inverse" Menge der zulässigen statistischen Operationen konstituieren das *Skalenniveau* einer Messung. In der Psychologie werden fünf Skalenniveaus unterschieden: (1) Nominalskala, (2) Rangskala, (3) Intervallskala, (4) Verhältnisskala und (5) Absolutskala. Von (1) nach (5) nimmt die Anzahl der zulässigen Transformationen ab und die Anzahl der möglichen mathematischen Operationen (statistischen Analysen) zu (vgl. Tabelle 3-1).

*Tabelle 3-1*     Überblick zu den in der Psychologie gebräuchlichen Skalenniveaus

| Niveau | Beobachtbare Relationen/bedeutsame Aussagen | Beispiele | Zulässige Transformationen | Mögliche statistische Operationen (Beispiele) |
|---|---|---|---|---|
| Nominalskala | Äquivalenzrelation: Gleichheit/ Ungleichheit | Kategorien: Geschlecht, Studienfächer | Ein-eindeutige | Modus |
| Ordinalskala | Ordnungsrelation: größer/kleiner (besser/schlechter) | Rangreihen: Schulnoten, akademische Abschlüsse | streng monoton steigende | Median, Rangkorrelation, verteilungsfreie Verfahren |
| Intervallskala | Äquidistanz: Gleichheit von Differenzen | IQ-Skala Ratingskalen | lineare $y = a \cdot x + b$ | Mittelwert, Produkt-Moment-Korrelation, parametrische Verfahren |
| Verhältnisskala | Verhältnisrelation: doppelt, dreimal... schnell/lang wie... (natürlicher Nullpunkt) | Zeitmaße, Einkommen | Ähnlichkeitstransformationen $y = a \cdot x$ | Mittelwert, Produkt-Moment-Korrelation, parametrische Verfahren |
| Absolutskala | Natürliche Maßeinheit | Häufigkeiten | keine | alle |

*Nominalskala:* Eine Nominalskala ordnet empirischen Objekten Zahlen gemäß der Äquivalenzrelation zu. Dabei wird lediglich die Gleichheit bzw. Ungleichheit von Objekten abgebildet. Um die Gleichheit oder Ungleichheit von Objekten abzubilden, braucht man nicht unbedingt Zahlen; es können auch andere unterscheidbare Symbole verwendet werden. Beispiele für nominal-

# Skalenniveaus

skalierbare Merkmale sind das Geschlecht oder Studienfächer sowie weitere kategorial vorliegende Entitäten, z. B. Nationalitäten, Parteien, Fernsehsender, klinisch-psychologische Störungsbilder etc. Nominalskalierte Merkmale bezeichnet man auch als *qualitative oder kategoriale Variablen*. Da es nur darauf ankommt, die (Un)Gleichheit von Merkmalsausprägungen abzubilden, ist eine Nominalskala fast beliebig transformierbar; es sind sogenannte ein-eindeutige Transformationen möglich. Anstelle der oben vorgenommenen Zuordnung der Geschlechter mit 1 = männlich und 2 = weiblich, können auch beliebige andere Zahlen verwendet werden, solange sie sich unterscheiden, z. B. männlich = 3456 und weiblich = 7. Letzteres ist möglich, da es – wie betont – nur auf die Verschiedenheit der Zahlen ankommt; alle weiteren Assoziationen, die wir gewöhnlich mit den Zahlen 1 und 2 bzw. 3456 und 7 verbinden, z. B. 1 ist kleiner als 2, 2 ist doppelt so viel wie 1 bzw. 3456 ist viel größer als 7 führen auf Nominalskalenniveau zu sinnlosen Aussagen, weil männlich nicht kleiner oder halb so viel wie weiblich ist. Wie oben bereits erwähnt, macht es ebenso wenig Sinn, nominalskalierte Daten für Geschlechtszugehörigkeit zu mitteln, weil es kein mittleres Geschlecht gibt. Welche statistischen Operationen führen dann bei nominalskalierten Merkmalen überhaupt zu sinnvollen bzw. bedeutsamen Aussagen? Möglich und sinnvoll ist ein Abzählen der Häufigkeit, mit der bestimmte nominalskalisierte Merkmale in einer Stichprobe oder Grundgesamtheit vorkommen. So kann es bedeutsam sein festzustellen, wie viele Männer und wie viele Frauen ein bestimmtes Fach studieren, welches Studienfach an einer Universität am häufigsten belegt wird oder welche Partei in welcher Region die meisten Mitglieder hat. Eine damit zusammenhängende sinnvolle Statistik ist der *Modus,* das ist diejenige Kategorie mit der größten Häufigkeit.

*Ordinalskala:* Eine Ordinalskala ordnet empirischen Objekten Zahlen gemäß der Ordnungsrelation zu. Dabei wird mit Hilfe von Zahlen neben der Gleichheit bzw. Ungleichheit *zusätzlich* eine Rangreihe der Objekte abgebildet. Damit verbunden sind Aussagen wie größer/kleiner als oder besser/schlechter als etc. Beispiele für ordinalskalierte Merkmale sind Schulnoten oder akademische Abschlüsse. Die Note 1 ist besser als die Noten 2, 3, 4, 5 und 6; die Note 2 ist besser als 3, 4, 5 und 6 usw. Ein M.Sc. in Psychologie ist ein höherer Abschluss als ein B.Sc. in Psychologie und ein Doktorgrad in Psychologie ist höher als die beiden zuerst genannten Abschlüsse. Damit die Ordnungsrelation erhalten bleibt, müssen bei einer homomorphen Abbildung der akademischen Grade in das numerische Relativ die Zahlen die empirische Rangreihe abbilden. Bei den Schulnoten wird diese Abbildung durch die Verwendung der natürlichen Zahlen von 1 bis 6 erreicht. Bei den genannten Abschlüssen könnte man analog dazu die Zahlen 1, 2 und 3 verwenden. Die Ordnungsrelation bzw. die Rangreihe der empirischen Merkmalsausprägungen bleibt auch dann erhalten, wenn wir streng monoton steigende Transformationen der Messwerte vornehmen. Man könnte die akademischen Abschlüsse auch den Zahlen B.Sc = 1, M.Sc. = 17 und Dr. = 329 zuordnen, entscheidend ist, dass die empirische Rangreihe erhalten bleibt, was bei den Zahlen 1, 17 und 329 der Fall ist. Überdeutlich ist dabei natürlich, dass sich die Abstände bzw. Differenzen zwischen den Zahlen erheblich unterscheiden. Auf Ordinalskalenniveau führen diese Unterschiede aber nicht zu bedeutsamen Aussagen. Gleiche Differenzen zwischen den Messwerten sind erst auf Intervallskalenniveau bedeutsam. Diesbezüglich gibt es unterschiedliche Auffassungen bzgl. des Skalenniveaus der Schulnoten, denen z.T. Ordinal- und z.T. Intervallskalenniveau zugeschrieben wird. Da Lehrerinnen und Lehrer die Endnote im Zeugnis durch Mittelung und u.U. Gewichtung mehrerer Noten eines Schülers ermitteln, unterstellen sie damit implizit Intervallskalenniveau, weil der Mittelwert erst auf diesem Niveau als statistische Operation möglich und sinnvoll ist. Dann müssten Lehrerinnen und Lehrer allerdings auch empirisch die Äquidistanz zwischen ihren Noten nachweisen können, d.h. der Abstand zwischen einer 1 und 2 müsste genauso groß sein wie zwischen einer 2 und einer 3, einer 3 und 4, 4 und 5 bzw. 5 und 6. Wenn dem nicht so wäre, wenn wir also von einem ordinalskalierten Merkmal ausgehen, dann wäre es statistisch lediglich sinnvoll, außer dem Modus, den sogenannten *Median* zu bestimmen, das ist derjenige Wert innerhalb einer Rangreihe, der diese Rangreihe in 2 gleich große Hälften teilt (z.B. liegt ein Median von 3 bei einer Notenverteilung von 2, 2, 3, 6, 6, vor; der Mittelwert dieser Verteilung ist dagegen 3,8). Zur Prüfung von Zusammenhangs- und Unterschiedshypothesen bei ordinalskalierten Merkmalen liegen eigene statistische Verfahren vor (vgl. Bortz & Schuster, 2010).

*Intervallskala:* Eine Intervallskala ordnet empirischen Objekten Zahlen so zu, dass Äquidistanz zwischen den Zahlen interpretierbar ist; die Abstände bzw. Differenzen zwischen den Zahlen sind also gleich groß. Zudem werden mit Hilfe von Zahlen die (Un)Gleichheit und eine Rangreihe der Objekte abgebildet. In der Psychologie gelten die IQ-Skala und auch alle sogenannten Rating-Skalen, auf denen Probanden sich im Hinblick auf ein Item einschätzen bzw. beurteilen können, als intervallskaliert (z.B. „Ich bin fröhlich": 1 = trifft gar nicht zu, 2 = trifft etwas zu, 3 = trifft weitgehend zu, 4 = trifft vollständig zu). Wenn zwei Probanden A und B IQs von 90 und 95 aufweisen und zwei weitere Probanden C und D IQs 100 und 110, dann ist die Aussage, der IQ-*Unterschied* zwischen C und D ist doppelt so groß wie zwischen A und B möglich und sinnvoll. Aussagen über IQ-*Verhältnisse*, z. B. der IQ von E (140) ist doppelt so groß wie der IQ von F (70), sind allerdings *nicht* sinnvoll, da auf Intervallskalen-Niveau kein Nullpunkt definiert ist. Intervallskalierte Daten können linear transformiert werden. Zudem sind die Berechnung von Mittelwerten und alle sogenannten parametrischen Verfahren auf Intervallskalen-Niveau möglich.

Sedlmeier und Renkewitz (2008, S. 63 f) haben zu Recht darauf hingewiesen, dass die Annahme, Rating-Skalen seien intervallskaliert, umstritten ist. Gerade das Beispiel in Klammern legt nahe, dass die verbale Verankerung zwischen „2 = trifft etwas zu" und „3 = trifft weitgehend zu" einen größeren Abstand zu implizieren scheint als „1 = trifft gar nicht zu" und „2 = trifft etwas zu". Aber selbst wenn zwischen den verbalen Ankern ähnliche semantische Abstände realisiert sein sollten, bleibt die Annahme, Probanden würden beim Ausfüllen eines Fragebogens gleiche Abstände zwischen den Zahlen einer Rating-Skala umsetzen, äußerst fraglich. Dennoch werden in der Psychologie Daten, die auf Rating-Skalen basieren, mit statistischen Verfahren verrechnet, die Intervallskalen-Niveau voraussetzen. Ein Grund dafür ist, dass sich die Ergebnisse der Verfahren für Ordinalskalen-Niveau zumeist nicht wesentlich von den Ergebnissen der Verfahren für Intervallskalenniveau unterscheiden. Ein weiterer Grund ist, dass für Intervalldaten mehr statistische Verfahren zur Verfügung stehen, die auch weitergehende Prüfungen ermöglichen.

*Verhältnisskala:* Neben (Un)Gleichheit, Rangordnung und Gleichheit von Differenzen sind Variablen auf Verhältnisskalen-Niveau durch einen *inhaltlich bedeutungsvollen, d. h. sinnvollen Nullpunkt* und eine *definierte Maßeinheit* gekennzeichnet. Beispiele für verhältnisskalierte Variablen sind Zeitmaße und das Einkommen, aber auch andere physikalische Merkmale, wie z. B. das Gewicht und Längenmaße. In psychologischen Studien werden mitunter Reaktionszeiten gemessen, die Probanden benötigen, um auf einen Reiz zu reagieren. Wenn ein Proband A 50 ms und ein anderer Proband B 100 ms braucht, um nach Darbietung eines Reizes eine Taste zu drücken (Reaktion), dann ist die Aussage „B braucht doppelt so lang wie A" möglich und sinnvoll. Auf Verhältnisskalen-Niveau sind also – wie der Name schon sagt – Aussagen über Verhältnisse (n-mal so groß/klein; schnell/langsam etc.) von Merkmalsausprägungen möglich. Die Zeit, die Länge oder das Gewicht können in verschiedenen Maßeinheiten angegeben werden, die Zeit z. B. in Millisekunden, Sekunden, Minuten, Stunden, Tagen, Wochen ... Die Maßeinheit der Zeit ist also nicht festgelegt und kann durch Multiplikation mit einer Zahl (Ähnlichkeitstransformation) in eine andere Maßeinheit umgerechnet werden. Verhältnisskalierte Daten können ähnlichkeitstransformiert werden und es sind alle statistischen Verfahren anwendbar, die bereits auf Intervallskalen-Niveau möglich sind.

*Absolutskala:* Zusätzlich zu allen anderen Kennzeichen (Gleichheit/Ungleichheit, Rangordnung …) weist eine Absolutskala eine *natürliche Maßeinheit* auf. Bei absolutskalierten Variablen dürfen keine Transformationen vorgenommen werden. Eine Absolutskala liegt vor, wenn Häufigkeiten erfasst werden, was in psychologischen Studien z.B. der Fall ist, wenn die Anzahl von Personalpronomen (als Indikatoren für Narzissmus) gezählt werden, die eine Person in einer Selbstbeschreibung verwendet. Aber auch bei vielen anderen Erlebens- und Verhaltensweisen sind die Häufigkeiten von Interesse, z.B. wenn es um bestimmte non- und paraverbale Ausdruckssignale (Blickkontakt, Verlegenheitsgesten, Lächeln, Versprecher…) geht oder um die Anzahl der Unterbrechungen/Störungen an einem Arbeitsplatz.

Bei den obigen Erläuterungen zur Nominalskala wurde ausgeführt, dass Häufigkeiten innerhalb der jeweiligen Kategorien (z.B. männlich – weiblich) ausgezählt werden können. Nun sind Häufigkeiten als Beispiel für eine Absolutskala genannt worden. Wo liegt der Unterschied? Liegt eine Nominalskala vor, so repräsentieren die Kategorien die Skala; bei den Häufigkeiten als Beispiel für eine Absolutskala ist dagegen die Häufigkeit die Skala. Mit dieser Häufigkeitsskala lassen sich alle mathematischen Operationen vornehmen, z.B. ist es möglich und sinnvoll, bei einer Person A doppelt so viele Versprecher zu ermitteln wie bei einer Person B. Eine solche Aussage ist mit Kategorien einer Nominalskala nicht möglich, z.B. ist es bei Vorliegen der Zuordnung Person A – weiblich, Person B – männlich sinnlos zu sagen, Person B wäre doppelt so weiblich wie Person A. Möglich und sinnvoll ist es dagegen festzustellen, dass eine Stichprobe doppelt so viele Frauen wie Männer umfasst. Diese Aussage basiert aber nicht auf der Nominalskala männlich – weiblich, sondern auf den beiden Absolutskalen Häufigkeit der Männer und Häufigkeit der Frauen.

Jürgen Kriz (2003) hat kritisch darauf hingewiesen, dass es bei der Frage nach den erlaubten statistischen Operationen nicht ausreicht, lediglich das Skalenniveau zu berücksichtigen. Die eben beispielhaft erwähnte Anzahl der Personalpronomen in einer Selbstbeschreibung als Indikator für Narzissmus repräsentiert zwar einen Messwert auf höchstem Skalenniveau, der ein großes Spektrum statistischer Analysen erlaubt. Dabei müsse laut Kriz allerdings beachtet werden, dass diese statistischen Operationen auf der Ebene des Indikators nicht automatisch auch auf die Ebene des Konstrukts übertragbar sind. So ist in unserem Beispiel auf der Ebene des Indikators eine Aussage über

Proportionen möglich und sinnvoll: Person A hat in der Selbstbeschreibung doppelt so viele Personalpronomen verwendet wie Person B. Die analoge Aussage auf der Ebene des Konstrukts – Person A ist doppelt so narzisstisch wie Person B – ist daraus aber nicht ableitbar.

## 3.3 Gütekriterien des Messens und Testens

Während im Rahmen der Kardinalprobleme und Skalenniveaus festgelegt wird, ob überhaupt und mit welchem Informationsgehalt gemessen werden kann, erlauben die drei Kriterien der Objektivität, Reliabilität und Validität eine Beurteilung der Qualität bzw. Güte der Messungen psychologischer Konstrukte. Diese drei Gütekriterien wurden im Rahmen der sogenannten Klassischen Testtheorie entwickelt (vgl. Liennert & Raatz, 1998). Die Klassische Testtheorie (KTT) modelliert vor dem Hintergrund mehrerer Axiome den Fehleranteil von Testergebnissen. Das grundlegende Axiom der KTT besagt, dass sich der beobachtete Testwert X einer Person additiv aus ihrem wahren Wert w und dem Fehler e zusammensetzt (X = w + e). Bei der Entwicklung eines Tests gilt es dann, die Messgenauigkeit zu optimieren, indem der Fehleranteil minimiert wird. Eine angemessen ausführliche Darstellung der KTT ist nicht Ziel dieses Buchs. Wer psychologische Tests und andere diagnostische Verfahren kompetent anwenden und interpretieren möchte, muss sich allerdings gründlich mit der KTT und auch mit probabilistischen Testtheorien beschäftigen. Am Ende dieses Kapitels werden deshalb einige weiterführende Lehrbücher zum Messen und Testen aufgelistet.

Was ist eigentlich ein psychologischer Test? Der Begriff *Test* wird in der Psychologie mehrdeutig verwendet. Einigkeit besteht lediglich darin, dass es sich bei einem Test um ein Verfahren zur Gewinnung diagnostisch relevanter Daten handelt. In einem engen Sinn ist ein Test ein Verfahren, mit dem Daten unabhängig von den subjektiven Urteilen und Einschätzungen der Probanden erhoben werden können. Lediglich Fähigkeits- und Leistungstests sowie objektive Tests im Sinne von Cattell (vgl. Cattell & Warburton, 1967), deren Messintention für einen Probanden nicht per Augenschein erschließbar ist, die also „undurchschaubar" sind, genügen diesem Kriterium. Dagegen lässt sich aus einer Definition von Lienert und Raatz (1998, S. 1) eine breitere Verwendung des Begriffs „psychologischer Test" ableiten. Demnach handelt es sich bei einem psychologischen Test um ein wissenschaftliches Routineverfahren zur Untersuchung eines oder mehrerer empirisch abgrenzbarer Persönlichkeitsmerkmale mit dem Ziel einer möglichst quantitativen Aussage über den relativen Grad der individuellen Merkmalsausprägung.

Tests dienen also der Erfassung von Persönlichkeitsmerkmalen, die in den meisten Fällen mit Hilfe von Fragebögen zur subjektiven Selbsteinschätzung erfolgt (vgl. 3.4). Ein wissenschaftliches Routineverfahren ist ein Test deshalb, weil es bestimmte Testgütekriterien erfüllt und weil die Durchführung, Auswertung und zum Teil auch die Interpretation der erhobenen Daten standardisiert erfolgt und routinemäßig wiederholt werden kann. Ein Test liefert eine quantitative Aussage über ein interessierendes Merkmal, da die Antworten eines Probanden mit Zahlen verknüpft und zu einem Gesamtwert (Score) zusammengefasst werden. Der relative Grad der individuellen Merkmalsausprägung kann aus diesem Gesamtwert ermittelt werden, indem er zu einer Vergleichsgruppe (sogenannte Norm- bzw. Eichstichprobe) von Probanden, die möglichst ähnliche soziodemografische Merkmale aufweisen (mindestens Geschlecht und Alter) oder einem Kriterium (z. B. eine bestimmte Anzahl gelöster Aufgaben) in Beziehung gesetzt wird.

*Objektivität* als Gütekriterium meint die Unabhängigkeit der Ergebnisse einer Messung bzw. eines Tests von der Person, die den Test anwendet. Die Testanwendung lässt sich in drei Phasen gliedern: Durchführung, Auswertung und Interpretation. Dementsprechend werden Durchführungs-, Auswertungs- und Interpretationsobjektivität unterschieden. Warum sind diese drei Objektivitätsarten wichtig und ein Indikator für die Qualität einer Messung bzw. eines damit verbundenen Tests? Nehmen wir einmal an, Sie sollen eine Prognose über die Erfolgswahrscheinlichkeit eines Schülers im Hinblick auf den anstehenden Besuch eines Gymnasiums abgeben. Nehmen wir weiterhin an, dass Sie davon ausgehen, dass dabei die Intelligenz ein wichtiger Prädiktor ist. Sie führen einen Intelligenztest durch, werten ihn aus und interpretieren das Ergebnis (vgl. zum Ablauf dieser Form der Einzelfalldiagnostik auch Abschnitt 6.3). Es wäre nun außerordentlich ungünstig, wenn andere Psychologinnen und Psychologen, die denselben Test bei derselben Person durchführen, zu völlig anderen Ergebnissen kommen würden (die Stabilität von Intelligenz als Persönlichkeitsmerkmal einmal vorausgesetzt). Wie soll dann entschieden werden, wessen Befund der richtige ist? Soll man dann dem Psychologen mit der längsten „Erfahrung" oder der größten „Autorität" glauben? Aber warum sollte gerade dessen Befund der richtige sein? Um derartige Probleme von vornherein vermeiden zu können, ist die Durchführungs-,

Auswertungs- und Interpretationsobjektivität einer Messung wichtig. Damit diese drei „Objektivitäten" gesichert werden können, ist die Durchführung, Auswertung und auch eine basale Interpretation (durchschnittlich, unter- oder überdurchschnittlich intelligent, vgl. Abschnitt 6.3) hoch standardisiert und in einem sogenannten Testmanual so genau beschrieben, dass ein ausgebildeter Psychologe bzw. eine ausgebildete Psychologin genau nachvollziehen können, was zu tun ist. Vor diesem Hintergrund ist dann Objektivität im Sinne intersubjektiver Übereinstimmung bei der Durchführung, Auswertung und basalen Interpretation einer Messung mit Hilfe eines Tests möglich.

*Reliabilität:* Die Reliabilität eines Tests kennzeichnet die Messgenauigkeit, unabhängig davon was inhaltlich gemessen wird, also unabhängig von der Frage, ob mit einem Test tatsächlich das gemessen wird, was gemessen werden soll (z. B. Intelligenz). In der Einführung zu diesem Unterabschnitt wurde angedeutet, dass ein Test mehrere Aufgaben bzw. Items umfasst, die dann zu einem Gesamtscore aggregiert werden, etwa durch Summierung oder Mittelung der Einzelmessungen. Die Erfassung eines latenten Konstrukts wie z. B. Intelligenz mit Hilfe von mehreren Aufgaben zielt auf eine Erhöhung der Messgenauigkeit ab (vgl. Rushton, Brainerd & Pressley, 1983). Wenn etwa die mathematische Intelligenz eines Probanden erfasst werden soll, dann wird dies genauer möglich sein, wenn unser Proband nicht nur eine einzige Mathematikaufgabe löst, sondern mehrere. Bei der Lösung einer einzigen Aufgabe können viele Zufalls- und Störquellen (vorübergehender Lärm, Konzentrationsschwächen etc.) das Ergebnis beeinträchtigen. Gemäß der klassischen Testtheorie mitteln sich solche Fehler aus, wenn mehrere Messungen desselben Konstrukts durchgeführt werden (formal: die Summe aller Fehlereinflüsse ist – bei Annahme einer unendlich großen Stichprobe – Null). Insofern geht eine hohe Messgenauigkeit immer auch mit einem niedrigen Ausmaß an Messfehlern einher.

Die Reliabilität eines Tests lässt sich vor dem Hintergrund verschiedener Modelle schätzen und mit Hilfe eines Koeffizienten quantifizieren, der in der Regel zwischen 0 und + 1 schwanken kann. Gute Intelligenztests erreichen Reliabilitäten > .90, gute Persönlichkeitstests Reliabilitätskoeffizienten > .80.

Bei der Reliabilitätsschätzung gemäß der *Split-Half- oder Halbierungsmethode* wird ein Test in zwei gleich große Hälften aufgeteilt und die Korrelation (vgl. Kapitel 5) dieser Hälften als Reliabilitätsmaß interpretiert. Mit der Testhalbierungsmethode wird aber eigentlich nur die Reliabilität eines Tests halber Länge geschätzt. Günstiger ist deshalb die *Paralleltestmethode,* bei der zwei parallele Tests mit derselben Anzahl von Items vorliegen und wiederum die Korrelation der beiden parallelen Tests als Reliabilitätsmaß bestimmt wird. Allerdings ist es schwierig und aufwändig, exakt parallele Tests zu konstruieren.

Als Verallgemeinerung der Testhalbierungs- und Paralleltestreliabilität kommt der *internen Konsistenz* und insbesondere dem Cronbach-Alpha-Koeffizienten besondere Bedeutung zu. *Cronbachs Alpha* basiert auf der Idee, dass bei einem Test, mit dem ein eindimensionales Merkmal erfasst werden soll, jedes Item als eigener Testteil interpretiert werden kann. Cronbachs Alpha liefert dann die mittlere Konsistenz über alle möglichen Testaufteilungen (Items).

Die *Retest-Reliabilität* schließlich basiert auf der wiederholten Vorgabe ein- und desselben Tests bei denselben Probanden. Die Retest-Reliabilität ist eine Korrelation zwischen den Messwerten des wiederholt vorgegebenen Tests. Die Retest-Reliabilität ist insbesondere in der Persönlichkeitspsychologie relevant, weil damit die zeitliche Stabilität von Persönlichkeitsmerkmalen empirisch gestützt werden kann. Die zeitliche Stabilität gehört neben der schwieriger nachzuweisenden transsituativen Konsistenz zu den entscheidenden Prüfsteinen, die ein Merkmal als Persönlichkeitsmerkmal qualifizieren.

*Validität:* Die Validität betrifft das Ausmaß, in dem ein Test das misst, was er messen soll. So kann man z.B. die Frage stellen, ob mit einem Intelligenztest überhaupt Intelligenz gemessen wird (zu einer Kontroverse hierzu vgl. Dörner & Kreuzig, 1983). Die Frage nach der Validität mag auf den ersten Blick etwas merkwürdig erscheinen, sie ist aber komplexer und schwieriger zu beantworten als im Falle der Objektivität und Reliabilität. So gibt es für das Ausmaß der Validität kein einzelnes quantitatives Maß wie für die Reliabilität. Die Validität von Testergebnissen bedarf vielmehr der theoretischen und empirischen Überprüfung innerhalb eines Validierungs*prozesses*, in den verschiedene Studien und Methoden eingehen können und sollten. In einem klassischen und auch im Internet verfügbaren Artikel (Cronbach & Meehl, 1955) werden die folgenden Validitätstypen unterschieden:

*Inhaltsvalidität:* Die Inhaltsvalidität ist das Ausmaß, in dem die Aufgaben bzw. Items eines Tests das interessierende Konstrukt inhaltlich repräsentieren. Damit einher geht die Annahme eines Aufgaben- bzw. Itemuniversums, das ein latentes Konstrukt inhaltlich abbildet. Inhaltsvalidität ist dann gegeben, wenn eine ausgewählte Stichprobe der Aufgaben bzw. Items dieses Universum hinreichend repräsentiert. Die Inhaltsvalidität wird durch die Urteile von Experten abgeschätzt. Experten sind Wissenschaftler, die in dem Bereich, zu dem ein neuer Test konstruiert werden soll, ausgewiesen sind. Mehreren solchen Experten wird ein Itempool vorgelegt. Die Experten sollen nun darüber urteilen, ob ein Item für das Konstrukt inhaltlich repräsentativ ist. Diese Urteile können auch quantitativ erfolgen, was den Vorteil hat, dass die Beurteilerübereinstimmung der Experten mithilfe einer Maßzahl abgeschätzt werden kann. Oft werden die Expertenurteile aber innerhalb eines argumentativen Diskurses abgegeben. Die Inhaltsvalidität darf nicht mit der sogenannten *Augenscheinvalidität* verwechselt werden (vgl. Moosbrugger & Kelava, 2008), die angibt, inwieweit das mit einem Test zu erfassende Merkmal auch für Laien evident ist. Die Augenscheinvalidität ist für die Akzeptanz eines Tests wichtig. Wenn z. B. angekündigt wird, dass ein Intelligenztest durchgeführt wird, dann sollte für die Probanden auch einsichtig sein, dass die damit verbundenen Aufgaben etwas mit Intelligenz zu tun haben.

*Kriteriumsvalidität* kennzeichnet den Zusammenhang zwischen dem Testergebnis und einem Kriterium außerhalb der Testsituation. Wenn das Kriterium zeitgleich mit der Testung vorliegt, wird von *konkurrenter Validität* bzw. *Übereinstimmungsvalidität* gesprochen. In diesem Fall kann das bereits vorliegende Außenkriterium fast gleichzeitig mit dem Testwert gemessen werden, also entweder (unmittelbar) vor oder (unmittelbar) nach der Durchführung des Tests. Cronbach und Meehl (1955) sprechen von konkurrenter Validität, wenn ein (neuer) Test einen anderen, bereits vorliegenden Test, der dasselbe Merkmal erfasst, ersetzen soll oder wenn ein Test mit einem vorliegenden Kriterium, z. B. einer klinisch-psychologischen Diagnose, korreliert. So kann es z. B. sinnvoll sein, die Übereinstimmungsvalidität einer Multiple-Choice-Klausur mit einer konventionellen Klausur oder mündlichen Prüfung zu ermitteln. Wenn ein neuer Intelligenztest entwickelt wird, dann sollten die damit gemessenen Testwerte mit den entsprechenden Werten vorliegender Intelligenztests eng zusammenhängen. *Prädiktive oder prognostische Validität* meint dagegen den Zusammenhang zwischen dem Testergebnis und einem Außenkriterium, das in der Zukunft liegt und ergo durch die Testung vorhergesagt wird, wie z. B. Studien- oder Berufserfolg. Die Kriteriumsvalidität kann am besten dann gestützt werden, wenn ein einigermaßen zweifelsfrei gültiges Außenkriterium (z. B. aggressives Verhalten) vorliegt, was aber zumeist nicht der Fall ist bzw. sein kann (z. B. bei Selbstkonzepten, die das bereichsspezifische Wissen einer Person über sich selbst kennzeichnen). Aus diesem Grund erfolgt die Validierung eines Tests zumeist im Hinblick auf mehrere Kriterien.

*Konstruktvalidität:* Während die Inhaltsvalidität lediglich aufgrund von theoretischen Argumenten und Expertenurteilen angibt, ob die Aufgaben bzw. Items das latente Merkmal inhaltlich hinreichend repräsentieren, geht es bei der Konstruktvalidität im Kern um die umfassende empirische Überprüfung und Weiterentwicklung der theoretischen Annahmen, die mit dem gemessenen Konstrukt verbunden sind. Die Konstruktvalidität als umfassendes Konzept, das alle anderen Validitätsarten einschließt, wurde von Cronbach und Meehl (1955) besonders hervorgehoben. Dabei ist das Konzept des *nomologischen Netzwerks* zentral, das ein zusammenhängendes System von Gesetzmäßigkeiten kennzeichnet. Die (deterministischen oder probabilistischen) Gesetzmäßigkeiten in einem nomologischen Netzwerk können Beziehungen (a) beobachtbarer Variablen zu anderen beobachtbaren Variablen, (b) theoretischer Konstrukte zu beobachtbaren Variablen oder (c) theoretischer Konstrukte untereinander betreffen.

Rufen wir uns nun noch einmal in Erinnerung, worum es bei der Validität geht: Misst ein Test das, was er messen soll? Was ein Test messen soll, ist ein bestimmtes hypothetisches Konstrukt. Um feststellen zu können, was es mit einem bestimmten Konstrukt auf sich hat, was es „*ist*" bzw. bedeutet, müssen nach Cronbach und Meehl (1955, S. 146 ff) die Gesetzmäßigkeiten angegeben werden, die das Konstrukt betreffen. Anders ausgedrückt muss ein Konstrukt, um als wissenschaftlich akzeptabel gelten zu können, in einem nomologischen Netzwerk vorkommen, in dem zumindest in einigen Gesetzmäßigkeiten beobachtbare Variablen enthalten sind. Die Konstruktvalidität kennzeichnet nun die Zusammenhänge des Testscores innerhalb dieses nomologischen Netzes. Die Konstruktvalidität ist niemals abgeschlossen, sondern als fortlaufender Validierungs*prozess* zu verstehen, in dem mit verschiedenen experimentellen, korrelativen u. a. Methoden Hypothesen geprüft werden.

Können deutliche positive Beziehungen zu Tests, die dasselbe oder ein sehr ähnliches Merkmal messen, nachgewiesen werden, wird von *konvergenter Validität* gesprochen. Die konvergente Validität ist mit der Übereinstimmungsvalidität gleichbedeutend, wenn es tatsächlich um Beziehungen zu Tests geht, die dasselbe Merkmal erfassen. *Divergente oder diskriminante Validität* bezeichnet dagegen die Unabhängigkeit (Nullkorrelation oder sehr niedrige Korrelation) der Testwerte von den Testwerten jener Konstrukte, die sich von dem zu messenden Konstrukt theoretisch unterscheiden.

*Nebengütekriterien:* Die Objektivität, Reliabilität und Validität werden in vielen Publikationen als die drei psychometrischen Hauptgütekriterien bezeichnet (z. B. bei Lienert & Raatz, 1998). Die Validität ist ohne Zweifel das wichtigste Kriterium, denn wenn ein Test *nicht* das misst, was er messen soll, dann ist es auch sinnlos, wenn er das objektiv und reliabel tut. Außer den sogenannten Hauptgütekriterien werden eine Reihe von Nebengütekriterien genannt, bei denen es zumeist darum geht, die Qualität der Anwendung bzw. Anwendbarkeit eines Tests zu bewerten. Besonders wichtig ist das Kriterium der *Normierung oder Eichung* eines Tests. Ein Test ist normiert, wenn ein Bezugssystem vorliegt, vor dessen Hintergrund die Testwerte einer einzelnen Person eingeordnet und interpretiert werden können. Bei dem Bezugssystem handelt es sich um die Werte einer Vergleichsstichprobe von Personen, die mit der getesteten Person im Hinblick auf relevante Kriterien (z. B. Geschlecht und Alter) vergleichbar sind. In der psychometrischen Einzelfalldiagnostik erfolgt die Interpretation eines individuellen Testwerts dann durch den Vergleich mit den Normwerten und resultiert in einer basalen Interpretation (durchschnittliche, über- oder unterdurchschnittlich Merkmalsausprägung im Vergleich zur Normstichprobe, vgl. 6.3). Eine Darstellung weiterer anwendungsbezogener Gütekriterien eines Tests liefern Kubinger (2003) sowie Moosbrugger und Kelava (2012).

### 3.4 Datenquellen und Erhebungsmethoden

Empirisch-psychologische Forschung erfordert Daten, die mit Hilfe unterschiedlicher Methoden gesammelt werden können. Die Erhebung von Daten fällt gemäß dem idealtypischen Ablauf einer empirischen Studie (vgl. Kapitel 2) in die Phase der Durchführung einer Untersuchung. Im vorherigen Abschnitt wurde erläutert, wie bestimmte Aspekte des menschlichen Erlebens und Verhaltens in Zahlen bzw. Messwerte „übersetzt" werden können. Solche Messwerte resultieren, nachdem Daten mit verschiedenen Methoden erhoben und gegebenenfalls aufbereitet wurden. Die gezielte und regelgeleitete Sammlung und Verarbeitung von relevanten Daten ist Gegenstand der psychologischen Diagnostik, die sich primär als Methodenlehre im Dienste der Angewandten Psychologie versteht (vgl. Krohne & Hock, 2007). In diesem Abschnitt soll ein erster Überblick zu einigen grundlegenden Methoden der Datenerhebung gegeben werden. Generell empfehlenswert ist eine multi-methodale Erfassung (Eid & Diener, 2006), bei der verschiedene Datenerhebungsmethoden kombiniert werden, um die Vorteile der jeweils einzelnen Methoden nutzen und die Nachteile ausgleichen zu können.

*Verhaltensbeobachtung* ist ein unmittelbar einleuchtender Begriff, weil wir auch im Alltag aktiv beobachten können, was andere tun. Wissenschaftliche Verhaltensbeobachtung ist im Gegensatz zur Alltagsbeobachtung aber methodisch kontrolliert und standardisiert, muss sich an bestimmten Gütekriterien messen lassen und ist zumeist mit einer weiterführenden quantitativ-statistischen Analyse der protokollierten Verhaltensdaten verbunden. Das zu beobachtende Verhalten umfasst alle visuell und akustisch wahrnehmbaren Aktivitäten und Veränderungen des Zustands einer Person, z. B. Körperbewegungen, Laut- und Sprachäußerungen, aber auch physiologische Reaktionen, z. B. Erröten oder Schwitzen. Verhalten kann von einer Person selbst oder von einer anderen, „fremden" Person beobachtet werden. Im ersten Fall spricht man von *Selbstbeobachtung,* im zweiten Fall von *Fremdbeobachtung.* Wissenschaftliche Verhaltensbeobachtungen sind in der Regel sogenannte *reduktive Deskriptionen* (vgl. Mees, 1977), die sich auf bestimmte, theoretisch relevante Beobachtungseinheiten (Kategorien, Verhaltensklassen) beschränken. Mehrere solcher Beobachtungseinheiten bilden ein sogenanntes *Zeichen- oder Indexsystem* (Faßnacht, 1995, S. 178 ff), wenn nur bestimmte, aber nicht alle Verhaltensweisen innerhalb eines Beobachtungsabschnitts interessieren und beobachtet werden. Zudem können die in den Beobachtungseinheiten eines Zeichensystems definierten Verhaltensweisen gleichzeitig auftreten. So können bestimmte Verhaltensindikatoren für Extraversion wie z.B. Lachen, strahlende Augen, unterstreichende Gestik bei einer beobachteten Person gleichzeitig auftreten. Ein *Kategoriensystem* zielt dagegen darauf ab, *jede* Verhaltensweise innerhalb einer gegebenen Verhaltensstichprobe einer Beobachtungseinheit zuzuordnen. Zudem sind die Beobachtungseinheiten eines Kategoriensystems so definiert, dass immer nur eine einzige Kategorie auf ein beobachtetes Verhalten zutrifft. Die durch die Beobachtungseinheiten eines Kategoriensystems definierten Verhaltensweisen können also nicht gleichzeitig auftreten. Die Handhabung und Anwendung eines Kategoriensystems muss innerhalb eines *Beobachtertrainings* eingeübt werden. Beobachtung im Sinne reduktiver Deskription bedeutet dann, durch das Zeichen- oder Kategoriensystem definierte Verhaltensweisen zu identifizieren und den unterschiedlichen Kategorien des Beobachtungssystems zuzuordnen. Dabei muss genau und eindeutig definiert sein, welche Verhaltensweisen zu welcher Beobachtungskategorie gehören. In einem vom Erstautor entwickelten Beobachtungssystem zur Registrierung von Verhaltensindikatoren für Redeangst ist z.B. die Kategorie „Verlegenheitsgesten" folgendermaßen definiert: „Die Probandin fasst sich an die Nase, ins Haar, ans Ohr, die Brille oder kratzt sich."

*Verhaltensbeurteilung* betrifft mehr oder weniger subjektive und summarische Einschätzungen und Bewertungen der Häufigkeit, Intensität und Ausprägungsform des eigenen Verhaltens oder des Verhaltens anderer Personen. Wenn eine Person ihr eigenes Verhalten einschätzt, dann tut sie dies auf der Basis mentaler Repräsentationen des zumeist bereits vergangenen Verhaltens. Aber auch die Beurteilung des Verhaltens anderer Personen basiert auf mentalen Repräsentationen, da das Verhalten nicht im Hinblick auf einzelne Mikroaspekte registriert und in diesem Sinne gemessen, sondern summarisch eingeschätzt wird, nachdem das Verhalten einer fremden Person – u.U. über längere Zeiträume hinweg – wahrgenommen wurde. Verhaltensbeurteilungen geben im Gegensatz zu Verhaltensbeobachtungen nicht oder zumindest nicht so genau vor, auf welche Mikroaspekte des Verhaltens die Aufmerksamkeit fokussiert werden soll. Verhaltensbeurteilungen lassen sich von Verhaltensbeobachtungen abgrenzen, je mehr subjektive Wertungen und Interpretationen in die Verhaltensbeurteilung eingehen (vgl. Ellgring, 1996). Letzteres ist z. B. immer dann der Fall, wenn die Abstufungen einer Ratingskala nicht quantitativ definiert sind (wie häufig ist „häufig" oder „manchmal", wie lange ist „kurzdauernd") und wenn wenig verhaltensnahe Beurteilungseinheiten zugrunde liegen: Anstelle der Kategorien „Blickkontakt" und „Versprecher" könnte das Verhalten bei einer öffentlichen Rede z. b. auch im Hinblick auf „Unsicherheit" oder „Souveränität" eingeschätzt werden, z. B. auf einer numerisch und verbal verankerten Skala: 0 = gar nicht, 1 = etwas, 2 = ziemlich und 3 = sehr unsicher (bzw. mit derselben Skala, aber in einem eigenen Item: 0 = gar nicht, 1 = etwas, 2 = ziemlich und 3 = sehr souverän). Verhaltensbeurteilungen basieren häufig auf solchen abstrakten und auch komplexeren Merkmalen. Die notwendigen subjektiven Interpretationen bei der Einschätzung komplexer Merkmale nutzen – positiv gewendet – die menschliche Fähigkeit, Verhaltensindikatoren zu „verschmelzen" und integrierend zu interpretieren (vgl. Langer & Schulz v. Thun, 1974).

*Interview.* Das Interview ist in der psychologischen Berufspraxis das am häufigsten eingesetzte diagnostische Instrument (vgl. Kici & Westhoff, 2000). Ein Interview ist eine zielgerichtete mündliche Kommunikation zwischen einem oder mehreren Befragern und einem oder mehreren Befragten, wobei eine Informationssammlung über das Verhalten und Erleben der zu befragenden Person(en) im Vordergrund steht (Kessler, 1999). Interviews können im Hinblick auf den Wortlaut, die Anzahl und Abfolge der Fragen mehr oder weniger standardisiert sein. Dasselbe gilt für die Antwortmöglichkeiten des Probanden, das Verhalten des Interviewers und die Auswertung. Je nach dem Grad der Standardisierung werden verschiedene Interviewformen unterschieden. Bei einer freien Exploration sind in der Regel nur einige wenige Fragen bzw. „Aufträge" festgelegt (z. B. „Erzählen Sie mir ihr Leben!"), mögliche Nachfragen hängen vom Verlauf der Exploration ab. In einem halbstrukturierten Interview sind dagegen einzelne Bereiche und Fragen festgelegt, die auf jeden Fall abgehandelt werden müssen, zusätzliche Nachfragen sind natürlich erlaubt. Standardisierte Interviews werden z. B. in der Diagnostik psychischer Störungen eingesetzt. Hier sind die Fragen und deren Abfolge genau festgelegt und der Interviewer hat u. U. auch die Aufgabe die Antworten zu kodieren, um z. B. den Schweregrad eines Symptoms zu quantifizieren.

*Fragebogen.* Nach Mummendey (2003) ist ein Fragebogen ein Erhebungsinstrument, bei dem festgelegte Antwortmöglichkeiten auf klar vorgegebene

Fragen oder Feststellungen angekreuzt werden. Zu Beginn eines Fragebogens wird eine kurze Instruktion gegeben, in der das Ausfüllen erläutert wird, und manchmal auch ein Beispiel-Item. In einem Fragebogen ist also *keine offene Beantwortung* vorgesehen wie in einem Interview. Zudem werden die Antworten auf einzelne Fragen in der Regel nicht für sich ausgewertet und interpretiert, sondern es werden stets die Antworten auf eine größere Zahl von Fragen oder Feststellungen nach bestimmten statistischen Prinzipien in einem einzigen Messwert zusammengefasst. Fragebögen sind die am häufigsten eingesetzten und bevorzugten Methoden zur Erfassung von Persönlichkeitsmerkmalen sowie Motivations- und Interessensvariablen.

*Objektive Tests.* Pawlik (2006) bezeichnet objektive Tests als an Testgütekriterien überprüfte Stichproben z. B. von Leistungsaufgaben, über die eine Verhaltensstichprobe der untersuchten Person im interessierenden Merkmal erhoben und ausgewertet wird. In diesem Sinne wäre ein Intelligenztest ein objektiver Test. Manchmal werden auch diagnostische Verfahren, die Persönlichkeitsmerkmale mit Hilfe von Fragebogen erheben, als Persönlichkeitstests bezeichnet (vgl. z. B. Brähler et al., 2002). Es gibt aber noch eine andere Variante von objektiven Tests, die auf Raymond B. Cattell zurückgeht und solche Verfahren meint, deren Messintention für den Probanden nicht per Augenschein erschließbar ist, die also „undurchschaubar" sind. Der Test soll damit „unverfälschbar" z. B. im Sinne sozialer Erwünschtheit sein. Wenn in einem Fragebogen ein Item vorgelegt wird, wie z. B. „Ich empfinde häufig Furcht und Angst", dann ist ziemlich offensichtlich, welches Merkmal damit erfasst werden soll und der Proband kann seine Antwort in diejenige Richtung verzerren, die er für günstig hält. Ein Beispiel für einen objektiven Test sensu Cattell ist der Subtest „Flächengrößen Vergleichen" aus der Testbatterie Arbeitshaltungen von Kubinger und Ebenhöh (1996). Es handelt sich dabei um einen Test, der computergestützt administriert wird und mit dem ein kognitiver Stil, nämlich „Impulsivität vs. Reflexivität", undurchschaubar erfasst werden soll. Impulsivität vs. Reflexivität ist die Tendenz, in Problemsituationen entweder schnell und fehlerreich bzw. langsam und fehlerarm zu arbeiten. 20 Items mit jeweils zwei Flächen müssen in 30 Sekunden verglichen werden. Reflexive bearbeiten in dieser kurzen Zeit zwar nur wenige Items, aber machen dabei wenige Fehler. Impulsive bearbeiten dagegen viele oder sogar alle Items und machen dabei vergleichsweise viele Fehler. In den letzten Jahren hat es in der Forschung eine Renaissance der Entwicklung und des Einsatzes von solchen objektiven Tests gegeben (vgl. Ortner et al., 2007).

*Psychophysiologische Diagnostik.* Veränderungen des Erlebens und Verhaltens kovariieren mit organismischen Variablen, z. B. mit dem Blutdruck, der

Herzfrequenz, der Ausschüttung bestimmter Hormone und der Aktivität in bestimmen Hirnarealen. Wer zum ersten Mal vor einer größeren Gruppe von fremden und statushöheren Personen eine Rede halten soll, der wird die dabei in der Regel auftretende Aufregung auch körperlich spüren, wobei nicht alle organismischen Veränderungen bewusst werden. Psychophysiologische Daten betreffen solche im weiten Sinne körperlich-organismischen Veränderungen und werden mit Hilfe elektrophysiologischer Registriermethoden (elektrodermale Aktivität; Herz-Kreislauf-Aktivität; Muskelaktivität; Hirnaktivität) oder über biochemische Messgrößen (Hormonspiegel im Blut, immunbiologische Analyse des Speichels, Messung der regionalen zerebralen Durchblutung oder des regionalen zerebralen Stoffwechsels) erfasst. In den letzten Jahren haben solche psychophysiologischen Maße und Erfassungsmethoden innerhalb des kognitions- und neuropsychologischen Paradigmas zentrale Bedeutung gewonnen.

📖 Literaturempfehlungen zum Messen und Testen

Bühner, M. (2006). *Einführung in die Test- und Fragebogenkonstruktion.* (2. Aufl.) München: Pearson.

Gigerenzer, G. (1981). *Messung und Modellbildung in der Psychologie.* München: Reinhardt (UTB).

Lienert, G. A. & Raatz, U. (1994). *Testaufbau und Testanalyse.* (5. Aufl.) Weinheim: PVU.

Moosbrugger, H. & Kelava, A. (2012). Qualitätsanforderungen an einen psychologischen Test (Testgütekriterien). In H. Moosbrugger & A. Kelava (Hrsg.), *Testtheorie und Fragebogenkonstruktion.* (S. 7–26). Heidelberg: Springer.

Orth, B. (1974). *Einführung in die Theorie des Messens.* Stuttgart: Kohlhammer.

Rost, J. (1996). *Lehrbuch Testtheorie Testkonstruktion.* Bern: Huber.

📖 Literaturempfehlungen zu den Methoden der Datenerhebung

Amelang, M. & Schmidt-Atzert, L. (2006). *Psychologische Diagnostik und Intervention.* Berlin: Springer.

Eid, M., & Diener, E. (Eds.). (2006). *Handbook of multimethod measurement in psychology.* Washington, DC: American Psychological Association.

Krohne, H. W. & Hock, M. (2007). *Psychologische Diagnostik. Grundlagen und Anwendungsfelder.* Stuttgart: Kohlhammer.

Pawlik, K. (2006). Psychologische Diagnostik I: Methodische Grundlagen. In K. Pawlik (Hrsg.), *Handbuch Psychologie. Wissenschaft – Anwendung – Berufsfelder* (S. 555–562). Berlin: Springer.

# 4 Experimentelle Designs in der Psychologie

In unserem Ablauf einer empirischen Untersuchung haben wir im Abschnitt 2.3 darauf hingewiesen, dass die Messung hypothetischer Konstrukte mit geeigneten diagnostischen Verfahren lediglich eine wichtige Voraussetzung zur Prüfung von Hypothesen darstellt. Neben der Operationalisierung muss ein Forschungsansatz gewählt werden, in dem festgelegt wird, wie die Hypothesen geprüft werden sollen. In diesem Kapitel steht der erste Forschungsansatz im Mittelpunkt: die experimentellen Designs. Wenn wir im Alltag von Design sprechen, dann ist damit die Form und Gestaltung von Gebrauchsobjekten gemeint, z. B. von Möbeln, Autos, Kleidern, Computern oder auch Trinkgläsern, Wasserhähnen, Lampen etc. In der psychologischen Methodenlehre wird als Design der Plan einer zumeist experimentellen Untersuchung bezeichnet, in dem festgelegt ist, …

- wer untersucht wird,
- ob die Teilnehmer in Gruppen eingeteilt werden, (…)
- wie der Versuchsleiter in die Untersuchungssituation eingreift (…) und
- in welcher zeitlichen Abfolge bestimmte Maßnahmen und Messungen bei den Teilnehmern im Verlauf der Untersuchung vorgenommen werden (Sedlmeier & Renkewitz 2008, S. 124; Gliederungspunkte durch die Autoren).

Diese kompakte Definition von Sedlmeier und Renkewitz verdeutlicht, dass es bei der Verwendung des Design-Begriffes in der Psychologie auch um „Gestaltung" geht, nämlich um die konkreten Bedingungen und Schritte der personellen, räumlichen, zeitlichen und instrumentellen Durchführung einer empirischen Untersuchung. Synonym zum Begriff (Untersuchungs-)Design ist die Bezeichnung Versuchsplan; es sollen also zentrale Bedingungen und Schritte der empirischen Untersuchung geplant und festgelegt werden, nachdem vor dem Hintergrund einer Theorie oder Heuristik Hypothesen generiert wurden.

## 4.1 Was ist ein Experiment?

Das Wort _Experiment_ stammt vom lateinischen *experimentum* (Versuch, Probe, Erfahrung) und wird auch in der Alltagssprache verwendet: „Ein Experiment machen" bedeutet im Alltag, etwas auszuprobieren und ist mit mehr oder weniger gezielten Handlungen der Akteure verbunden (z. B. beim Basteln oder Kochen).

Als Forschungsmethode sind Experimente in den Naturwissenschaften entwickelt und in die Psychologie Ende des 19. Jahrhunderts von William James an der Harvard Universität und von Wilhelm Wundt an der Universität Leipzig eingeführt worden – jeweils durch die Gründung eines psychologischen Labors. Nach Huber (2009, S. 69) ist ein Experiment vor allem durch zwei Bedingungen charakterisiert:

1. Der Experimentator variiert systematisch mindestens eine Variable und registriert, welchen Effekt diese aktive Veränderung bewirkt.
2. Gleichzeitig schaltet er die Wirkung von anderen Variablen aus (mit einer der Techniken zur Kontrolle von Störvariablen).

Diese beiden Bedingungen sind sehr abstrakt und technisch formuliert. Deshalb eröffnen wir den Abschnitt über experimentelle Designs mit zwei exemplarischen Studien (vgl. 4.1.1), vor deren Hintergrund zentrale Grundbegriffe und Varianten der experimentellen Methode erläutert werden (vgl. 4.1.2). Im Abschnitt 4.2 stehen dann vier Validitätskriterien sowie mögliche Störvariablen in experimentellen Untersuchungen im Mittelpunkt. Zudem werden einige Möglichkeiten zur Kontrolle der Störvariablen aufgezeigt (vgl. 4.3).

### 4.1.1 Zwei exemplarische Studien

„*zitro*" oder „*pfeffi*"? Werbung wird gemacht, damit Produkte ausgewählt und gekauft werden. Werbung ist immer auch damit verbunden, dass ein Produkt wiederholt präsentiert wird. In psychologischen Studien konnte gezeigt werden, dass die wiederholte Darbietung eines Reizes zu einer positiveren Bewertung dieses Reizes führt. Diese Einstellungsänderung in Richtung positiverer Bewertung wird als „Mere-Exposure"-Effekt bezeichnet und kognitionspsychologisch mit einer Verbesserung der impliziten Wahrnehmungsgeläufigkeit erklärt. Demnach stellt sich eine positive Bewertung gegenüber einem Objekt

# Was ist ein Experiment?

dann ein, wenn es flüssiger verarbeitet werden kann. Dieser Prozess läuft implizit, d. h. nicht bewusst, ab.

Vor dem Hintergrund dieser Überlegungen führten Blüher und Pahl (2007) ein Experiment durch, in dem sie Personen im Schlosspark von Erlangen eine Mappe mit Sehenswürdigkeiten dieser Stadt zeigten, die die Personen benennen sollten. Einigen Personen/Probanden wurden Mappen gezeigt, bei denen auf 5 der 11 Fotografien zusätzlich Plakate mit Werbung für Zitronenbonbons („zitro") *oder* Pfefferminz-Bonbons („pfeffi") untergebracht waren. Die Werbeplakate standen nicht im Mittelpunkt der Fotos, sondern waren am Rand platziert, d. h. sie wurden beiläufig präsentiert, um eine implizite Informationsverarbeitung zu gewährleisten. Nach der Darbietung der Mappen wurde jedem Probanden ein „zitro"- und ein „pfeffi"-Bonbon angeboten und sie konnten einen dieser Bonbons als Dankeschön auswählen. Es stellte sich heraus, dass Probanden, denen Mappen mit pfeffi-Werbung dargeboten wurden, signifikant häufiger ein pfeffi-Bonbon wählten als Probanden, bei denen zitro-Werbung oder keine Werbung auf den Fotografien abgebildet waren.

*Kann man selbstreguliertes Lernen lernen?* In einer sogenannten quasi-experimentellen Interventionsstudie untersuchten Labuhn, Bögeholz und Hasselhorn (2008) die Wirksamkeit von selbstreguliertem Lernen. Die Autorinnen und Autoren gingen dabei von folgenden Überlegungen aus: Eine wichtige Funktion von Bildung besteht darin, individuelle Voraussetzungen für Lernen zu fördern. Zu diesen individuellen Voraussetzungen zählt das selbstregulierte Lernen, das kognitive, metakognitive und motivationale Prozesse beinhaltet und eine Vorbereitungsphase, eine Handlungsphase sowie eine abschließende Selbstreflexionsphase umfasst. In den verschiedenen Phasen geht es um Planung und Zielsetzung, Selbstwirksamkeitserwartungen, Lernstrategien, das „Überwachen" des eigenen Lernvorganges sowie Aufmerksamkeits-, Volitions- und Bewertungsprozesse. Bisherige Studien zeigen, dass selbstreguliertes Lernen gelernt werden und den Wissenserwerb von sachbezogenen Inhalten fördern kann (Zimmerman, 2002).

Ihre eigene Studie führten Labuhn et al. (2008) in einer integrierten Gesamtschule mit allen sieben Klassen der siebten Jahrgangsstufe durch. Alle sieben Klassen erhielten eine acht Schulstunden umfassende Unterrichtseinheit zum Thema Ernährung, die von den Forscherinnen und den Lehrern gemeinsam entwickelt worden war. Vier der sieben Klassen bildeten die Experimental- bzw. Trainingsgruppen und wurden in den jeweils letzten 15 Minuten zum Thema selbstreguliertes Lernen unterrichtet. In diesen vier Klassen wurden die Inhalte zum Thema Ernährung dementsprechend verdichtet gelehrt. Die Ergebnisse der quasi-experimentellen Untersuchung zeigen, dass sich die Fähigkeit zum selbstregulierten Lernen in den vier Klassen mit den entsprechenden Unterrichtseinheiten im Vergleich zu den Klassen ohne diese Unterrichtseinheit (Kontroll- oder Vergleichsgruppe) bedeutsam verbesserte. Obwohl die Zeit für die Lehrinhalte zum Thema Ernährung geringer war, schnitt die Trainingsgruppe bei einem Wissenstest nicht schlechter ab als die drei Klassen der Vergleichsgruppe, die jeweils ausschließlich und zeitlich länger zum Thema Ernährung unterrichtet wurden. Zudem erzielte die Experimental- bzw. Trainingsgruppe im Anschluss an eine weitere, fünfstündige Unterrichtseinheit zu einem anderen Thema und ohne weitere Hinweise zum selbstregulierten Lernen tendenziell bessere Lernergebnisse als die Vergleichsgruppe.

Im Folgenden werden zentrale Grundbegriffe und Varianten der experimentellen Methode vor dem Hintergrund dieser beiden Beispiele erläutert.

### 4.1.2 Grundbegriffe und Varianten

*Arten von Treatments:* Die unabhängige Variable in einem Experiment wird auch als sogenanntes Treatment bezeichnet. Der Begriff „Treatment" ist dabei weit gefasst; es kann sich dabei handeln um die (a) Variation bestimmter situativer Bedingungen, z.B. akustischer oder optischer Reize bei Wahrnehmungsexperimenten, Anwesenheit bzw. Verhalten von Personen bei sozialpsychologischen Experimenten oder um (b) Interventionen, z.B. Lern- und Trainingsprogramme, Formen von Psychotherapie.

In unserem Mere-Exposure-Experiment wurden die insgesamt 75 ausgewählten Probanden *per Zufall* einer der drei Bedingungen (1) Mappe mit Fotografien von Erlanger Sehenswürdigkeiten und zitro-Werbung, (2) Mappe mit Erlanger Sehenswürdigkeiten und pfeffi-Werbung oder (3) Mappe mit Erlanger Sehenswürdigkeiten ohne Werbung zugeordnet. Das Treatment (die unabhängige Variable, kurz UV) bestand in der Darbietung von zitro-Werbung, der Darbietung von pfeffi-Werbung oder der Nicht-Darbietung von Werbung (optischer Reize), die abhängige Variable (AV) war die Häufigkeit der Wahl eines zitro- oder pfeffi-Bonbons.

In der skizzierten Untersuchung zum selbstregulierten Lernen war das Treatment (UV) die Darbietung der Unterrichtseinheiten zu diesem Thema. Zudem wurden gleich drei abhängige Variablen erfasst: die Fähigkeit zum selbstregulierten Lernen mit einem Fragebogen zur Selbstbeschreibung, das erworbene Wissen zum Thema Ernährung mit einem Multiple-Choice- und einem Lückentest und das erworbene Wissen zum Thema der zweiten Lerneinheit.

*Veränderungs- und Unterschiedshypothesen:* Wenn es sich bei den Treatments – wie in der Studie zum selbstregulierten Lernen – um Interventionen handelt, dann ist damit in der Regel auch die Prüfung von *Veränderungshypothesen* verbunden; so möchte man etwa feststellen, ob durch Lernprogramme schulische Leistungen verbessert oder durch bestimmte psychotherapeutische Maßnahmen depressive Symptome verringert werden können. Die Prüfung solcher Veränderungshypothesen setzt voraus, dass die abhängigen Variablen mindestens einmal vor (sogenannter Pretest) und einmal nach (Posttest) den Interventionen gemessen werden. In unserer Studie zum selbstregulierten Lernen wurde ein Pretest vor den Unterrichtseinheiten durchgeführt, in dem die Fähigkeit zum selbstregulierten Lernen mit einem Fragebogen zur Selbsteinschätzung und der Wissensstand zum Thema Ernährung mit einem Multiple-Choice-Test erfasst wurden. Im ersten Posttest nach der achtstündigen Unterrichtseinheit wurde selbstreguliertes Lernen mit demselben Fragebogen erhoben, der Wissenstand zum Thema Ernährung allerdings mit einem Lückentext, in den die Schülerinnen und Schüler die richtigen Begriffe eintragen mussten. Zum zweiten Posttest wurde wieder ein MC-Test zum Thema der fünfstündigen Lehreinheit vorgelegt. Zu diesem Thema (es ging um die Fähigkeit in umweltbezogenen Alltagssituation systematisch Entscheidungen zu treffen) wurde kein Pretest durchgeführt.

Wenn untersucht werden soll, ob bereits verfügbares Erleben und Verhalten in Abhängigkeit von verschiedenen situativen Bedingungen auftritt oder nicht, genügt eine Erfassung der abhängigen Variable (eines bestimmten Verhaltens) im Anschluss an das Treatment. In dem Mere-Exposure-Experiment war die abhängige Variable die Wahl eines der beiden dargebotenen Bonbons. In diesem Fall ist eine *Unterschiedshypothese* geprüft worden: Unterscheidet sich die Wahl bzw. Präferenz für eine der beiden Bonbon-Sorten in den verschiedenen Gruppen?

*Experiment als Königsweg:* Das Experiment gilt als der „Königsweg" unter den psychologischen Methoden, wenn Ursache-Wirkungs-Zusammenhänge (Kausalhypothesen) geprüft werden sollen. Ziel eines jeden Experimentes ist es, die Auswirkungen der unabhängigen Variablen auf die abhängige Variable zu untersuchen, d. h. zu klären, inwieweit eine – vom Versuchsleiter herbeigeführte – Änderung bzw. Manipulation der *unabhängigen* Variable zu Unterschieden zwischen der Experimental- und Kontrollgruppe in der *abhängigen* Variable führt. In anderen Sozialwissenschaften wie z. B. der Soziologie oder Politologie ist das Experiment als Forschungsmethode nur begrenzt einsetzbar, da sich die Gegenstände dieser Disziplinen aus prinzipiellen, ethischen und rechtlichen Gründen nur selten experimentell untersuchen lassen. Menschen können z. B. nicht per Zufall bestimmten sozialen Schichten zugewiesen werden (vgl. hierzu auch Kapitel 5).

*Störvariablen und Randomisierung:* Die kausale Erklärung der beobachteten Gruppenunterschiede in der abhängigen Variable durch die Manipulation der unabhängigen Variable (Treatment) kann durch eine Vielzahl von Störvariablen beeinträchtigt werden. Wenn – wie im oben angeführten zweiten Beispiel – der Effekt eines Programms (Treatment) zur Verbesserung des selbstregulierten Lernens (abhängige Variable) untersucht werden soll, dann kann es sein, dass sich in der Experimentalgruppe (EG) von vorneherein Schüler befinden, die diese Fähigkeit in höherem Ausmaß aufweisen als die Schüler der Kontrollgruppe (KG), die das Treatment nicht erhält. Unterschiede zwischen EG und KG nach dem Treatment wären dann nicht mehr eindeutig auf das Lernprogramm rückführbar, da Unterschiede zwischen EG und KG schon vorher bestanden. Möglicherweise hatte das Lernprogramm zwar einen positiven Effekt auf den Lernerfolg der leistungsstarken Schüler in der EG, aber dieser Effekt ist durch die bereits vor dem Treatment bestehenden Unterschiede verstärkt bzw. überlagert, man sagt auch konfundiert (vgl. hierzu genauer Abschnitt 4.3). Eine Klärung dieser verknüpften Effekte, die durch das Treatment und durch von vorne herein bestehende Unterschiede zwischen der EG und KG bestehen, ist nur möglich, wenn diese Gruppenunterschiede im Rahmen eines Pretests gemessen wurden. Störvariablen können auch Störungen im Wortsinn sein, z. B. Lärm, der die Konzentration bei einem Wahrnehmungsexperiment beeinträchtigt. In der zweiten, oben zitierten Bedingung, die Experimente nach Huber (2009) charakterisiert, wird betont, dass in einem Experiment die Wirkung von solchen Störvariablen kontrolliert wird. Hierfür stehen verschiedene Techniken zur Verfügung, die im Abschnitt 4.3 noch genauer im Zusammenhang mit der internen Validität von Experimenten erläutert werden. Eine besonders zentrale und für die experimentelle Methode konstitutive Kontrolltechnik soll bereits an dieser Stelle genannt werden: die *Randomisierung*. Um mögliche vorab bestehende Unterschiede im Hinblick auf verschiedene Merkmale der Versuchspersonen ausschalten zu können, werden die Probanden per Zufall der EG und der KG zugewiesen; man kann nun wahrscheinlichkeitstheoretisch zeigen, dass sich – eine möglichst große Stichprobe vorausgesetzt – potentielle Störvariablen durch Randomisierung in der EG und in der KG gleich verteilen. Anders ausgedrückt werden durch Randomisierung dieselben Bedingungen in der EG und in der KG hergestellt, so dass Unterschiede in der AV weitestgehend auf das Treatment zurückgeführt werden können.

## Was ist ein Experiment?

*Echtes Experiment und Quasi-Experiment:* Das Hauptunterscheidungsmerkmal zwischen einem echten Experiment und einem sogenannten Quasi-Experiment ist die zuletzt genannte randomisierte Zuweisung der Probanden zur EG und zur KG. Erfolgt die Zuordnung der Personen zur EG und KG nicht zufällig, sondern durch deren eigene Präferenz oder werden bestehende, natürliche Gruppen (z. B. Schulklassen) verwendet, wird die Untersuchung als Quasi-Experiment bezeichnet. Insbesondere in der Evaluationsforschung, in der die Wirksamkeit von Interventionsmaßnahmen zur Veränderung bestimmter Variablen untersucht wird, ist eine zufällige Zuweisung von Personen zur EG und KG häufig nicht möglich. Das liegt daran, dass die Evaluation von Interventionsmaßnahmen in vielen Fällen unter Feldbedingungen stattfindet, die nur eingeschränkt oder gar nicht manipulier- bzw. kontrollierbar sind. Wenn z. B. Interventionsmaßnahmen in mehreren Schulklassen durchgeführt werden, dann können die Schülerinnen und Schüler nicht per Zufall zu einer „Experimental-Klasse" und einer „Kontroll-Klasse" zusammengewürfelt werden. In der oben dargestellten Interventionsstudie zum selbstregulierten Lernen ist diese Randbedingung der Fall. Die Schülerinnen und Schüler der verschiedenen siebten Klassen konnten dem Treatment selbstreguliertes Lernen *nicht per Zufall* zugewiesen werden, da sonst ja die jeweiligen Klassenverbände „auseinandergerissen" worden wären. Es wurden aus den sieben siebten Klassen nicht einmal die vier Klassen der Experimentalgruppe per Zufall ausgewählt, sondern in Abhängigkeit davon, ob sich der jeweilige Lehrer dazu bereit erklärt hatte, selbstreguliertes Lernen zu unterrichten oder nicht.

Wenn nicht randomisiert werden kann, dann können mögliche Störvariablen auch nicht gleich verteilt werden. Kausale Schlussfolgerungen sind dann weniger eindeutig und zwingend möglich – die sogenannte interne Validität (vgl. den folgenden Abschnitt 4.2), die die Gültigkeit betrifft, mit der experimentelle Effekte auf die Variation der unabhängigen Variable(n) kausal zurückgeführt werden können, ist geringer. In diesem Fall gilt es, die erwarteten kausalen Effekte einer Intervention durch Replikationen zu plausibilisieren bzw. abzusichern und/oder störvariablen-bedingte Alternativerklärungen der Effekte zu entkräften. So konnten in der quasi-experimentellen Untersuchung zum selbstregulierten Lernen zumindest mögliche Pretestunterschiede, die durch die fehlende Randomisierung der Fall sein könnten, ausgeschlossen werden, da sich die EG und die KG im Hinblick auf die Fähigkeit zum selbstregulierten Lernen, die mit Hilfe eines Fragebogens vor den Treatments erfasst wurde, nicht unterschieden.

*Labor- vs. Feldexperiment:* In einem Experiment werden die Effekte des oder der Treatments oft in einer streng kontrollierten und mitunter sehr künstlichen Laborsituation hervorgerufen und objektiv beobachtet. Experimente oder Quasi-Experimente können aber auch im Feld, d. h. unter natürlichen Bedingungen durchgeführt werden, z. B. im Schlossgarten von Erlangen, wie in der Zitro-Pfeffi-Studie. In einem Feldexperiment können Störvariablen weniger gut kontrolliert werden als in einem Laborexperiment, was eine eindeutige Kausalinterpretation u. U. erschwert (geringere interne Validität). Umgekehrt stellt sich die Frage, inwieweit die in einer künstlichen und hoch kontrollierten Laborsituation gefundenen Effekte überhaupt auf ähnliche reale Situationen übertragbar sind (Problem der externen Validität, vgl. 4.2). Sowohl bei der Untersuchung zum Mere-Exposure-Effekt als auch bei der quasi-experimentellen Interventionsstudie zum selbstregulierten Lernen handelt es sich um Feldexperimente.

*Within-subjects- und between-subjects-designs:* Zuletzt soll noch auf eine wichtige Unterscheidung zwischen zwei grundlegenden Designtypen hingewiesen werden. In sogenannten **between-subjects-designs** wird jede Person nur einer Stufe der unabhängigen Variable zugeordnet. Anders ausgedrückt nimmt jede Person nur an einer experimentellen Bedingung teil. In den bisherigen Beispielen war immer ein solches between-subjects-design realisiert. Insbesondere in allgemeinpsychologischen Experimenten ist es aber auch möglich, dass dieselben Personen nacheinander alle experimentellen Bedingungen absolvieren. In diesem Fall liegt ein **within-subjects-design** vor, das nicht mit einem between-subject-design mit Messwiederholung verwechselt werden darf, wie im Fall der Studie zum selbstregulierten Lernen. Ein gutes Beispiel für ein within-subjects-design wird in dem Lehrbuch von Sedlmeier und Renkewitz (2008, S. 152 ff) gegeben. Es handelt sich um ein Gedächtnisexperiment mit dem zweistufigem Faktor: einsilbige Wörter vs. mehrsilbige Wörter. Aufgabe der Probanden ist es, zuerst die einsilbigen Wörter zu lernen und wiederzugeben und dann die mehrsilbigen. Jeder Proband wird also jeder Stufe der unabhängigen Variable zugewiesen. Geprüft werden soll, ob die Gedächtnisleistung von der Wortlänge abhängt, ob also einsilbige Wörter besser behalten werden können als mehrsilbige (Bradley, 1986). Sedlmeier und Renkewitz (2008) diskutieren ausführlich die Vor- und Nachteile von between- und von within-subjects-designs.

*Mehrfaktorielle Experimente und Interaktionseffekte:* In einem Experiment können mehrere Treatments bzw. unabhängige Variablen realisiert und variiert werden. In Anlehnung an die Terminologie der Varianzanalyse – eines statistischen Verfahrens, das in vielen Fällen zur Analyse der Daten aus Experimenten eingesetzt werden kann – wird die unabhängige Variable/das Treatment

## Was ist ein Experiment?

auch als experimenteller Faktor bezeichnet. Es gibt also drei Bezeichnungen für das, was von einem Untersucher in einer experimentellen Studie in mindestens zwei Stufen variiert bzw. manipuliert wird: Unabhängige Variable, Treatment oder Faktor. Wenn mehrere Faktoren realisiert und variiert werden, spricht man von einem mehrfaktoriellen, z. B. von einem zweifaktoriellen Experiment. Die Interventionsstudie zum selbstregulierten Lernen ist ein solches zweifaktorielles Experiment: der erste Faktor beinhaltet die unterschiedlichen Unterrichtseinheiten mit bzw. ohne Anregungen zum selbstregulierten Lernen; der zweite Faktor ist die Messwiederholung. Die wiederholte Messung der abhängigen Variablen wird u. a. deshalb als eigener Faktor aufgefasst, weil die mehrfache Durchführung eines Tests bzw. die Anwendung eines Erhebungsinstruments als eigenes Treatment aufgefasst werden kann bzw. muss. Diese Auffassung lässt sich besonders gut bei Pre- und Posttests verdeutlichen, die Leistungen erfassen. Durch die wiederholte Vorgabe solcher Tests können Lerneffekte auftreten, die das eigentliche Treatment (z. B. die unterschiedlichen Unterrichtseinheiten) überlagern.

Eine weitere Differenzierung kann innerhalb eines einzelnen Faktors vorgenommen werden. Ein Faktor weist stets mindestens zwei oder auch mehr sogenannte *Stufen* auf. Die Faktorstufen indizieren die Variation des Treatments, z. B. umfasst in unserer quasi-experimentellen Interventionsstudie zum selbstregulierten Lernen der Faktor Unterrichtseinheit drei Stufen: Stufe 1: Unterrichtseinheit zum Thema Ernährung und selbstreguliertem Lernen; Stufe 2: Unterrichtseinheit zum Thema Ernährung ohne selbstreguliertes Lernen und Stufe 3: Unterrichtseinheit zu einem anderen Thema. Der Faktor Messwiederholung beinhaltet für die AV selbstreguliertes Lernen zwei Stufen, einen Pretest vor der Unterrichtseinheit mit bzw. ohne Anregung zum selbstregulierten Lernen und einen Posttest nach diesem Treatment. Im Experiment zum Mere-Exposure-Effekt liegt ebenfalls ein dreistufiger Faktor vor, Stufe 1: Sehenswürdigkeiten mit zitro-Werbung; Stufe 2: Sehenswürdigkeiten mit pfeffi-Werbung, Stufe 3: Sehenswürdigkeiten ohne Werbung. Im einfachsten Fall kann ein Faktor, z. B. Training, nur zwei Stufen aufweisen, nämlich Stufe 1: Training und Stufe 2: kein Training.

In mehrfaktoriellen Experimenten können neben den sogenannten *Haupteffekten* der einzelnen Faktoren sogenannte *Interaktionseffekte* geprüft werden, in denen die Wechselwirkung von zwei oder mehr Faktoren zum Ausdruck kommt. In der Interventionsstudie zum selbstregulierten Lernen resultierten für diese Fähigkeit sowohl ein Haupteffekt des Faktors Unterrichtseinheit und ein Haupteffekt des Messwiederholungsfaktors sowie ein Interaktionseffekt.

Diese Effekte wurden im Rahmen einer zweifaktoriellen Varianzanalyse mit Messwiederholung (vgl. Bortz & Schuster, 2010) auf dem zweiten Faktor ermittelt. Inhaltlich besagen diese Effekte folgendes:

- Der *Haupteffekt des Faktors Unterrichtseinheit* bedeutet, dass es Unterschiede zwischen den Trainingsgruppen und der Kontrollgruppe gibt; allerdings wird statistisch gesehen bei diesem Effekt die Messwiederholung nicht berücksichtigt: Vielmehr werden die jeweiligen Werte des Pre- und Posttests für selbstreguliertes Lernen sowohl in den EGs als auch in der KG über die beiden Messzeitpunkte aggregiert und anschließend verglichen.
- Analog wird beim *Haupteffekt des Messwiederholungsfaktors* verfahren: Hier werden die Werte des Prä- und Posttests jeweils über die drei Gruppen aggregiert und es wird ein Effekt der Messwiederholung ermittelt, der von möglichen Gruppenunterschieden absieht.
- Erst der *Interaktionseffekt* der beiden Faktoren Unterrichtseinheit und Messwiederholung ermöglicht die Aussage, dass sich das selbstregulierte Lernen in der Experimental- im Vergleich zur Kontrollgruppe vom Pretest zum Posttest unterscheidet. Formal besagt ein signifikanter Interaktionseffekt in einem Messwiederholungs-Design, dass sich die gemessenen Werte der Probanden (also z. B. die Punktzahl in einem Fragebogen zum selbstregulierten Lernen) über die Stufen des Trainingsfaktors *und* des Messwiederholungsfaktors unterscheiden. Die beiden Haupteffekte und der Interaktionseffekt in einem zweifaktoriellen Experiment mit einem Trainings- und einem Messwiederholungsfaktor sind in Abb. 4.1-1 veranschaulicht.

Ein Beispiel für ein zweifaktorielles Experiment ohne Messwiederholung auf dem zweiten Faktor wäre eine mögliche Erweiterung der Studie zum Mere-Exposure-Effekt: Neben dem experimentellen Faktor Darbietung vs. Nicht-Darbietung von Werbung könnte als zweiter Faktor das Geschlecht der Probanden mit den Stufen männlich – weiblich berücksichtigt werden. Es könnte ja sein, dass der Mere-Exposure-Effekt bei Männern deutlicher auftritt als bei Frauen oder dass der Effekt sogar nur bei Männern, nicht aber bei Frauen auftritt. Wäre diese Hypothese richtig (sie ist falsch!), dann müsste ein Interaktionseffekt zwischen dem Werbungsfaktor und dem Geschlechtsfaktor auftreten. In der Faktorstufenkombination Darbietung von Werbung und männlich müssten deutlich mehr Präferenzen für die Wahl eines zitro- oder pfeffi-Bonbons auftreten als in den anderen Faktorstufenkombinationen, insbesondere auch als in der Kombination „Darbietung von Werbung" und „weiblich". Wir

# Validitätskriterien in experimentellen Untersuchungen 77

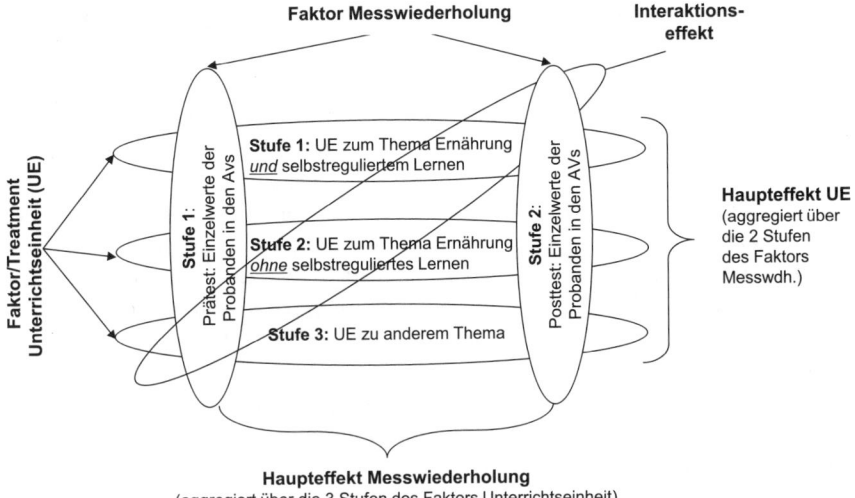

*Abbildung 4.1-1* Veranschaulichung der Haupteffekte und des Interaktionseffekts in einer zweifaktoriellen Varianzanalyse mit Messwiederholung. Beim Haupteffekt „Unterrichtseinheit" werden Unterschiede zwischen den Gruppen – aggregiert über die beiden Messzeitpunkte (Pretest und Posttest) – „vertikal" verglichen. Der Haupteffekt Messwiederholung vergleicht die Messwerte aller Probanden „horizontal" vom Pretest zum Posttest – jeweils aggregiert über die drei Stufen des Faktors „Unterrichtseinheit". Beim Interaktionseffekt erfolgt ein „diagonaler" Vergleich über die drei Gruppen *und* die beiden Messzeitpunkte.

werden im Kapitel über Korrelationsforschung noch ein weiteres Beispiel für einen Interaktionseffekt kennenlernen.

## 4.2 Validitätskriterien in experimentellen Untersuchungen

Der Begriff Validität (Gültigkeit) wurde bereits im Abschnitt 3.3 als Gütekriterium für diagnostische Verfahren eingeführt und mit der Bewertung der Frage verknüpft, ob ein Test das misst, was er messen soll. Bei der Validität einer empirischen Studie geht es ebenfalls um *Gültigkeit*, genauer gesagt um die Frage, ob die Schlussfolgerungen, die wir aus einer Untersuchung ableiten, richtig sind. Validität ist eng mit der Idee der „Wahrheit" verbunden (Shadish et al., 2002, S. 35). Validität ist kein Merkmal von bestimmten Untersuchungsdesigns, sondern ein Merkmal der Schlussfolgerungen, die wir vor dem Hintergrund einer empirischen Studie, in der ein bestimmtes Design umgesetzt wurde, ableiten. Eine Schlussfolgerung wird in der Regel in Form eines Satzes formuliert, der eine Aussage darüber macht, ob eine zuvor aufgestellte Hypothese in einer gegebenen empirischen Studie zutrifft oder nicht. Solche Schlussfolgerungen werden im letzten Teil eines empirischen Artikels, der sogenannten Diskussion (vgl. Kapitel 7), formuliert. So heißt es bei Blüher und Pahl (2007, S. 213): „Wir führten diese Studie im Rahmen des „Mere-Exposure"-Paradigmas durch und zeigten, dass die mehrfache subtile Darbietung eines vorher unbekannten Stimulus nachfolgend zu einer Auswahlpräferenz gegenüber einem Alternativ-Stimulus führte." Und Labuhn et al. (2008, S. 21) folgern: „Die Resultate des Pretest-Posttest-Vergleichs deuten insgesamt auf eine positive Wirkung der Unterrichtsintervention hin. Der signifikante Interaktionseffekt auf der Gesamtskala spricht für einen Anstieg der Selbstregulation bei den Schülern der Trainingsgruppe."

Die Validität einer experimentellen Untersuchung lässt sich mit Shadish et al. (2002) vor dem Hintergrund von vier Gütekriterien beurteilen: Neben der internen und externen Validität, die in den meisten Lehrbüchern angesprochen werden, spielen auch die Konstruktvalidität und die statistische Validität eine bedeutsame Rolle. Diese vier Validitätsarten bzw. Gütekriterien für experimentelle Untersuchungen werden im Folgenden kurz skizziert. Es sei an dieser Stelle darauf hingewiesen, dass die vier Gütekriterien auch zur Beurteilung von korrelativen Designs und Einzelfallstudien herangezogen werden können. Da die Einführung der Validitätskriterien historisch gesehen im Zusammenhang mit der (quasi-)experimentellen Methodik erfolgte, haben auch wir unsere kurze Darstellung hier – im Experiment-Kapitel – eingeordnet.

*Interne Validität:* Eine experimentelle Untersuchung ist intern valide, wenn die kausale Interpretation ihrer Ergebnisse inhaltlich eindeutig ist – wenn also ein aufgetretener Effekt (als Unterschied im Wert der abhängigen Variable) zwischen der Versuchs- und Kontrollgruppe eindeutig auf das Treatment zurückgeführt werden kann und der Einfluss von Störvariablen kontrolliert oder ausgeschaltet wurde. Campbell (1986) hat das Konzept der internen Validität mit Hilfe der etwas umständlichen Formulierung *local molar causal validity* präzisiert. Mit dem Adjektiv „causal" wird unterstrichen, dass es in der Tat um kausale Schlussfolgerungen geht. Das Wort „local" indiziert, dass sich die kausalen Schlussfolgerungen lediglich auf den lokalen Kontext einer empirischen Untersuchung beziehen, also auf das gewählte Treatment, die an der Studie beteiligten Personen sowie die Ergebnisse und Rahmenbedingungen der vorliegenden Studie. Besonders bedeutsam ist das Wort *molar* in local molar causal validity. Molar ist das Gegenteil von molekular. Im Kontext experimenteller Untersuchungen, insbesondere zur Evaluation von Interventionen wie der Unterrichtseinheit zum selbstregulierten Lernen, bedeut molar, dass die lokalen, kausalen Effekte von Treatments untersucht werden, die komplexe „Pakete" ganz unterschiedlicher molekularer Bedingungen repräsentieren. Ein Lernprogramm oder gar eine Therapie umfasst bestimmte verbale Instruktionen/Äußerungen, die zu bestimmten Zeitpunkten, auch in Abhängigkeit von den Fragen/Reaktionen der Probanden gegeben werden. Im Fall einer Intervention in einer Schulklasse oder anderen Trainingsgruppe wird sich zudem eine bestimmte (bereits vorhandene) Gruppendynamik (weiter) entwickeln. Ein Treatment findet außerdem in einer bestimmten Umgebung statt, die durch physikalische und ökologische Bedingungen gekennzeichnet ist (Größe, Temperatur, Lichtverhältnisse etc. eines Raumes). All diese komplexen und potenziell interagierenden Bedingungen sind mit einem Treatment verbunden. Natürlich kann und soll man Experimente auch so gestalten, dass weniger molare Treatments zum Einsatz kommen. Im Laufe eines Forschungsprogramms macht es z. B. Sinn, die unterschiedlichen Komponenten eines Lernprogramms bzw. einer Therapie differenzierter zu untersuchen. Aber auch bei einer solchen Isolierung einzelner Bedingungsfaktoren bleibt das Treatment immer noch mehr oder weniger molar. Shadish et al. (2002, S. 54) bringen es auf den Punkt:

> Understood as local molar causal validity, internal validity is about whether a complex and inevitably multivariate treatment package caused a difference in some variable-as-it-was-measured within the particular setting, time frames, and kinds of units that were sampled in a study.

*Statistische Validität:* Die statistische Validität ist eng mit der internen Validität verknüpft. Wenn wir nach der Durchführung eines Experiments schlussfolgern, dass ein Treatment die abhängige Variable kausal beeinflusst hat, dann tun wir das vor dem Hintergrund statistischer Analysen. Bei der Auswahl und Durchführung statistischer Analysen und der Interpretation der resultierenden Ergebnisse kann man viel falsch machen. So sind statistische Verfahren an bestimmte Voraussetzungen (z. B. ein bestimmtes Skalenniveau) gebunden, die mehr oder weniger verletzt sein können, die Messinstrumente zur Erfassung der AV können nur eine geringe Reliabilität aufweisen oder die Messungen der AV können sich auf einige wenige Werte verteilen (sogenannte eingeschränkte Varianz). Diese und andere potentielle Beeinträchtigungen der statistischen Validität werden ausführlicher bei Shadish et al. (2002, S. 42 ff) erläutert. Solche Beeinträchtigungen und Fehler im Rahmen statistischer Analysen gefährden dann die Gültigkeit kausaler Schlussfolgerungen in Experimenten.

*Externe Validität:* Als *externe* Validität wird die Verallgemeinerbarkeit der Untersuchungsergebnisse bezeichnet; die Generalisierbarkeit einer Untersuchung kann – den Komponenten eines Experimentes entsprechend – in vier Aspekte unterteilt werden (Shadish et al. 2002):

1. *Personen:* Sind die Ergebnisse auf eine Grundgesamtheit von Personen übertragbar, aus denen die Versuchspersonen stammen, z. B. auf alle Studierende einer Universität, alle Einwohner der Bundesrepublik Deutschland oder gar auf die gesamte Menschheit? Eine Generalisierbarkeit auf Personen einer Grundgesamtheit ist dann möglich, wenn eine repräsentative Stichprobe dieser Grundgesamtheit gezogen und in einem Experiment untersucht wurde. Alle Faktoren, die die Repräsentativität der Stichprobe beeinträchtigen, wie z. B. der Verlust von Probanden durch vorzeitigen Abbruch, schränken dann auch die Generalisierbarkeit ein.
2. *Treatments:* Sind die Ergebnisse auf ähnliche Treatments übertragbar? Ist z. B. ein Blocktraining zur Stressbewältigung, das zwei Tage lang an einem Wochenende durchgeführt wird, ähnlich effektiv wie ein Stressbewältigungstraining, in dem mehrere kürzere Trainingssitzungen über mehrere Wochen verteilt stattfinden?
3. *Abhängige Variablen (outcomes):* Sind die Ergebnisse auch für andere abhängige Variablen gültig? Hat ein Stressbewältigungstraining z. B. lediglich einen Effekt auf die Reduktion des subjektiven Stresserlebens, oder auch auf andere Variablen, wie z. B. die Selbstwertschätzung, die Lebenszufriedenheit oder objektive Indikatoren für physische Gesundheit?
4. *Untersuchungsbedingungen (settings):* Gelten die Ergebnisse auch unter anderen situativen Bedingungen und kulturellen Kontexten? So beschreibt Kazdin (1992, zitiert nach Shadish et al., 2002, S. 89) ein Programm gegen Drogenmissbrauch, das in ländlichen Regionen effektiv war, nicht aber in Städten – möglicherweise weil in Städten Drogen verfügbarer sind als auf dem Land.

In manchen Texten zur externen Validität werden Zeitpunkte bzw. historische Kontexte als weiterer Generalisierungsaspekt genannt. Ist etwa ein Trainingsprogramm, das vor 30 Jahren entwickelt wurde, heute noch genauso effektiv? Campbell (1986) hat das Konzept der externen Validität ebenso präzisiert wie das der internen Validität (local molar causal validity). Externe Validität sei im Sinne einer proximalen Ähnlichkeit (proximal similarity) zu verstehen oder sogar durch diesen Begriff zu ersetzen, der sich in der scientific community allerdings nicht durchgesetzt hat. Demnach geht es bei der externen Validität nicht darum, die Ergebnisse einer Studie auf *vollkommen andere*, sondern lediglich auf *ähnliche* Personen, Treatments, Outcomes, Settings und Zeitpunkte zu übertragen. Campbell hat auf diesen Aspekt explizit hingewiesen: „As scientists we generalize with most confidence to applications most similar to the setting of the original research" (Campbell, 1986, S. 75).

Um die externe Validität, also die Gültigkeit von Generalisierungen der Untersuchungsergebnisse zu steigern, sind mehrere Studien notwendig, in denen Personen, Treatments, Outcomes und Untersuchungsbedingungen variiert werden. Kein empirischer Forscher würde auf die Idee kommen auf der Basis einer einzigen empirischen Studie zu schlussfolgern, dass eine darin bestätigte Hypothese „immer und überall" gilt und richtig ist. Gelingt es allerdings in verschiedenen Studien unter verschiedenen Variationen immer wieder dieselben oder zumindest sehr ähnliche Ergebnisse zu replizieren, dann sind Generalisierungen über die variierten Bedingungen zunehmend möglich.

*Konstruktvalidität im Experiment:* Die interne Validität einer Untersuchung setzt die Validität der Messungen aller erhobenen Variablen voraus, sowohl der abhängigen als auch der unabhängigen Variablen. Für diesen Aspekt ist der Begriff der Konstruktvalidität einer Untersuchung eingeführt worden: Sind die theoretischen Konzepte der Hypothese (z. B. selbstreguliertes Lernen) in der Untersuchung angemessen erfasst worden? In der Studie zum selbstregulierten Lernen erfolgte die Messung dieser Fähigkeit mit Hilfe eines Fragebogens zur Selbstbeschreibung. Mit einer solchen Selbsteinschätzung von Fähigkeiten sind etliche Probleme verbunden, z. B. die Möglichkeit sozial erwünschter Antworten. Die Autorinnen der Studie weisen in der Diskussion selbst darauf hin, dass eine alternative Erfassungsmethode, nämlich die Fremdbeobachtung selbstregulierten Lernens, in zukünftigen Untersuchungen eingesetzt werden sollte. Aber auch das Treatment selbst als zentrales Element jedes Experiments muss hinsichtlich seiner Validität für das, was es realisieren oder bei den Probanden herbeiführen soll, diskutiert werden: Stellt z. B. ein bestimmtes Interventionsprogramm eine angemessene Umsetzung des zugrunde liegenden therapeutischen Konzepts dar?

## 4.3 Interne Validität: Störvariablen und Kontrolltechniken

Die interne Validität, d. h. die Stringenz der Schlussfolgerungen, die eine eindeutige kausale „Rückführung" der abhängigen Variable auf die unabhängige Variable beinhalten, kann durch eine Vielzahl von Störvariablen beeinträchtigt werden. Eine solche Beeinträchtigung der internen Validität durch Störvariablen bezeichnet man als *Konfundierung* (von lateinisch: confundere = vermengen, durcheinander geraten): Die Variation der abhängigen Variable lässt sich demnach nicht eindeutig, im schlimmsten Fall gar nicht, auf die willkürlich variierte unabhängige Variable zurückführen, sondern ist mit einer oder mehreren anderen Variablen „vermengt". Menschliches Erleben und Verhalten als Gegenstand der Psychologie ist eigentlich immer multikausal bedingt. Deshalb ist eine „Vermengung" bzw. ein Wechselspiel von mehreren Variablen, die dann wiederum eine andere abhängige Variable bedingen, in der „Realität" der Normalfall. Zur Logik des Experimentierens gehört nun, dass eine Untersuchungssituation geschaffen wird, die es ermöglicht, den Effekt einer oder mehrerer dieser Bedingungen, die von uns absichtlich variiert werden, zu isolieren und alle anderen potentiell verursachenden Bedingungen zu kontrollieren (vgl. die Definition von Huber, 2009). Anders ausgedrückt besteht die Logik des Experiments darin, mit Ausnahme der Variation der unabhängigen Variable(n) dieselben Bedingungen in der EG und in der KG herzustellen, so dass Unterschiede in der abhängigen Variablen weitestgehend auf das Treatment, eben die Variation der UV, zurückgeführt werden können. Ziel der Kontrolle von Störvariablen ist die Sicherstellung dieser möglichst identischen Bedingungen.

Die Erörterung der Störvariablen, die die interne Validität eines Experiments gefährden, nimmt in den diversen Methodenlehrbüchern einen breiteren Raum ein als mögliche Beeinträchtigungen der externen Validität, die wir bereits im letzten Abschnitt kurz skizziert haben. Auch Campbell und Stanley (1963) zählen in ihrem klassischen Text vor allem Störvariablen auf, die die interne Validität betreffen. Man kann nun argumentieren, dass die interne Validität insofern wichtiger als die externe Validität ist, als eine Generalisierung der Ergebnisse eines Experiments sinnlos ist, wenn die postulierten Kausalbeziehungen uneindeutig und fragwürdig erscheinen. Auf der anderen Seite kann eingewendet werden, dass ein hoch intern valides Experiment ebenso wenig Sinn macht, wenn es aufgrund seiner Künstlichkeit überhaupt nicht auf reale Bedingungen übertragen werden kann (vgl. Sedlmeier & Renkewitz, 2008). In diesem Fall sind die bereits erwähnten Replikationsstudien mit diversen Variationen der Probanden, Treatments, Outcomes und Untersuchungsbedingungen aufschlussreich und notwendig.

Die verschiedenen Störvariablen der internen Validität sollen im Folgenden in drei Gruppen klassifiziert werden: (1) Versuchspersonen-Merkmale als Störvariablen, (2) Versuchsleiter-Merkmale als Störvariablen, (3) Situationsmerkmale als Störvariablen. Innerhalb der jeweiligen Gruppe bzw. Klasse werden einige besonders zentrale Störvariablen und darauf bezogene Kontrolltechniken vorgestellt. Eine ausführlichere Diskussion findet sich in den Lehrbüchern von Shadish et al. (2002) sowie Huber (2009).

### 4.3.1 Versuchspersonen-Merkmale als Störvariablen

Versuchspersonen, die an psychologischen Experimenten teilnehmen, können sich im Hinblick auf ihr Alter, Geschlecht, andere soziodemografische Variablen, wie Bildungsstand oder Schichtzugehörigkeit sowie bzgl. bestimmter Persönlichkeitsmerkmale (z. B. Intelligenz, Gewissenhaftigkeit, Ängstlichkeit) unterscheiden. Diese Merkmale können zu einer Konfundierung des postulierten Effekts der variierten unabhängigen Variable(n) auf die abhängige Variable führen. Wie im letzten Abschnitt bereits ausgeführt, kann es sein, dass sich bei der Untersuchung des Effekts eines Lernprogramms (Treatment) auf den Lernerfolg (abhängige Variable, z. B. Schulnoten etc.) in der Experimentalgruppe (EG) von vorneherein intelligentere, leistungsstärkere Schüler befinden als in der Kontrollgruppe (KG), die das Treatment nicht erhält. Unterschiede zwischen EG und KG nach dem Treatment wären dann nicht mehr eindeutig auf das Lernprogramm rückführbar, sondern könnten zusätzlich oder ausschließlich durch die a priori vorhandenen Unterschiede in der Intelligenz und/oder Leistungsmotivation bedingt sein.

Als Möglichkeit zur Kontrolle solcher Pretest-Unterschiede wurde die *Randomisierung*, die zufällige Zuweisung der Probanden zu den Stufen der unabhängigen Variable genannt. Wenn die randomisierte Zuweisung gelingt, dann ist damit ein großer Vorteil verbunden: Es verteilen sich nicht nur Störvariablen über die Experimental- und Kontrollgruppe, die als solche erkannt werden, sondern auch bislang unerkannte Störvariablen. Voraussetzung für eine effektive Randomisierung ist eine ausreichend große Stichprobe; allerdings kann leider nicht genau angegeben werden, wie groß die Stichprobe sein muss. So findet man bei Sedlmeier und Renkewitz (2008, S. 137) den Hinweis, dass homogenere Stichproben weniger groß sein müssen als heterogene.

Eine deutlichere Festlegung – jedoch mit einem einschränkenden Literaturhinweis – wagen Bortz und Döring (2006, S. 524) – sie empfehlen mindestens 20 Versuchsteilnehmer pro Experimental- bzw. Kontrollgruppe. Neben der Randomisierung stehen noch zwei weitere Techniken zur Kontrolle von versuchspersonbezogenen Störvariablen zur Verfügung: Parallelisieren und systematisch variieren.

*Parallelisieren:* Häufig stehen ausreichend große Stichproben in der Psychologie nicht zur Verfügung, so dass die Randomisierung nicht zur Herstellung gleicher Bedingungen in der EG und KG führen kann. Wenn wir beispielsweise nur 20 Versuchspersonen untersuchen können und je 10 zufällig der EG (mit Lernprogramm) und der KG (ohne Lernprogramm) zuweisen, dann ist nicht unbedingt gewährleistet, dass sich dabei a priori vorhandene Intelligenzunterschiede zwischen den einzelnen Probanden in der EG und KG gleich verteilen. Bei kleinen Stichproben empfiehlt sich deshalb die *Parallelisierung,* um Unterschiede zwischen den Probanden konstant zu halten. In unserem Beispiel würde man 10 Paare mit je zwei Probanden bilden, die ein jeweils identisches oder sehr ähnliches Intelligenz-Niveau aufweisen (gemessen mit einem geeigneten Intelligenz-Test). Bei jedem Paar wird dann per Münzwurf entschieden, welcher der beiden Schüler der EG und welcher der KG zugewiesen wird. Durch Parallelisierung (auch Matching genannt) wird dafür gesorgt, dass sowohl in der EG als auch in der KG ein ähnlicher Mittelwert im Hinblick auf eine Störvariable vorliegt und dass sich die Störvariable in den beiden Gruppen ähnlich verteilt. In Interventionsstudien zur Prüfung von Veränderungshypothesen werden die unterschiedlichen Gruppen zumeist im Hinblick auf die zentrale abhängige Variable parallelisiert. Wenn etwa die Effekte eines Stressbewältigungstrainings untersucht werden sollen, dann ist es wichtig, dass sich die Experimentalgruppe, die das Training erhält, und die Kontrollgruppe, die das Training nicht erhält, nicht von vorneherein in ihrem Stressniveau unterscheiden. Deshalb ist es sinnvoll, dass Stressniveau aller Probanden zu erfassen und dann eine parallelisierte Zuweisung zur Experimental- und Kontrollgruppe vorzunehmen, damit in beiden Gruppen vor dem eigentlichen Treatment dasselbe mittlere Stressniveau vorliegt. Eine ausführlichere Beschreibung und weitere Details zur Parallelisierung als Kontrolltechnik findet man bei Huber (2009).

*Systematisch variieren:* Eine Störvariable kann auch dadurch kontrolliert werden, dass sie als weiterer Faktor in einem Experiment systematisch berücksichtigt wird. Wenn experimentell geprüft werden soll, ob ein Lernprogramm die gewünschten Effekte hat, dann könnte z. B. zusätzlich untersucht werden, ob die Effekte unabhängig vom Intelligenz-Niveau der Probanden auftreten oder ob Probanden mit hoher (niedriger) Intelligenz mehr profitieren als Probanden mit niedriger (hoher) Intelligenz. In diesem Fall läge dann wieder ein zweifaktorielles Design vor (Faktor 1: Treatment, Faktor 2: Intelligenzniveau) und die im vorherigen Satz formulierte Frage wäre durch einen Interaktionseffekt zu klären.

*Aktuelle Erwartungen der Versuchspersonen als Störvariablen:* Die bisher besprochenen Probandenmerkmale bezogen sich auf habituelle, d. h. relativ überdauernde Variablen, wie eben Intelligenz, Leistungsmotivation oder auch soziodemographische Merkmale wie das Geschlecht. Wenn eine Person zu einem Experiment kommt, dann entwickelt sie aber auch mehr oder weniger deutliche aktuelle Erwartungen darüber, was in dem Experiment vor sich geht und welche Effekte das Experiment wohl haben wird oder soll. Probanden, die an einer experimentellen Studie teilnehmen, in der ein Stressbewältigungstraining durchgeführt wird, werden u. U. die starke Erwartung bilden, dass sich dieses Training positiv auf ihre Bewältigungskompetenzen auswirkt. Der beim Posttest gemessene, u. U. positive Effekt des Trainings kann dann mit den positiven Erwartungen der Teilnehmer konfundiert sein.

In Experimenten ohne Interventionen können sogenannte *demand characteristics*, also Merkmale einer Versuchssituation mit einem mehr oder weniger deutlichen Aufforderungscharakter dazu führen, dass die Versuchsperson errät, welche Reaktionen bzw. welches Verhalten von ihm bzw. ihr gewünscht wird (auch soziale Erwünschtheit genannt). In der Folge kann sich die Versuchsperson – wenn sie eine sogenannte „gute" Versuchsperson sein will – genau entsprechend dieser demand characteristics verhalten oder aber genau das Gegenteil tun und damit die Zielsetzung des Experiments unterlaufen. Um Erwartungseffekte und Effekte von demand characteristics zu kontrollieren, werden Probanden in sogenannten *Blindversuchen* über die Zielsetzung der Studie bewusst im Unklaren gelassen; stattdessen wird in der Einführung und Instruktion zum Experiment ein anderer oder ein nur sehr allgemein formulierter Untersuchungszweck angegeben oder die Probanden wissen nicht, dass sie sich in der Bedingung mit dem hypothetisch wirksameren Trainingsprogramm befinden. Ein solches Vorgehen hat ethische Implikationen und muss daher sorgfältig abgewogen werden (vgl. Kapitel 8). Eine ausführliche und kritische Diskussion der Bedeutsamkeit von Versuchspersonen-Erwartungen hat Mertens (1976) in seiner „Sozialpsychologie des Experiments" vorgelegt. Anders als in naturwissenschaftlichen Experimenten sind die „Objekte" in psychologischen Experimenten aktive, denkende und antizipierende Subjekte, die in der Interaktionssituation „Experiment" zwangsläufig Erwartungen und Hypothesen generieren, die z. B. eine Standardisierbarkeit fraglich erscheinen lassen.

### 4.3.2 Versuchsleiter-Merkmale als Störvariablen

Ebenso wie bei den Versuchspersonen können sich auch bei den Versuchsleitern habituelle Merkmale und aktuelle Erwartungen störend auf die interne Validität auswirken. So kann das Geschlecht der Versuchsleitung in vielen Experimenten Einfluss haben und es kann einen Unterschied machen, ob gleich- oder gegengeschlechtliche Versuchsleiter-Versuchspersonen-Interaktionen stattfinden. Dabei können dann sozial- und evolutionspsychologische Phänomene, wie z. B. interpersonelle Attraktion, Konkurrenz etc. potenziell eine Rolle spielen. Um solche Effekte zu kontrollieren, empfiehlt es sich, das Geschlecht der Versuchsleitung über die unterschiedlichen experimentellen Bedingungen und die weiblichen und männlichen Probanden *auszubalancieren*, d. h. sowohl der Versuchsleiter, als auch die Versuchsleiterin wird systematisch allen Versuchsbedingungen und innerhalb der Versuchsbedingungen jeweils im gleichen Anteil männlichen und weiblichen Probanden zugewiesen. Mit anderen Worten: Die Versuchsleitung wird über die Versuchsbedingungen und Probanden gleich verteilt. Dabei sollten sich dann die genannten Versuchsleitereffekte ausgleichen, was im Übrigen auch statistisch ermittelt werden kann.

Da experimentelle Untersuchungen oft von den Leitern der Studie durchgeführt werden, können auch aktuelle Erwartungen der Versuchsleiter den Effekt der UV auf die AV konfundieren. Derartige *Versuchsleitererwartungseffekte* wurden nach einer Reihe berühmt gewordener Studien auch als *Rosenthal-Effekte* bezeichnet. Rosenthal und Jacobson (1968) teilten Lehrern mit, dass bestimmte Schüler nach den Ergebnissen ihrer Tests ihre Leistungen in Zukunft steigern würden. Tatsächlich sind bei diesen Schülern Leistungssteigerungen eingetreten – aber nicht aufgrund ihrer vermeintlich besseren Testleistung, die sich faktisch nicht von derjenigen der anderen Schüler unterschied, sondern weil sich die Lehrer gegenüber den vermeintlich besseren Schülern aufgrund der Erwartung einer Leistungssteigerung ermutigender und unterstützender verhalten hatten. Ähnliche Effekte können bei Versuchsleitern auftreten, die z. B. die überlegene Wirksamkeit eines Trainings prüfen wollen, das sie wohl möglich auch noch selbst entwickelt haben. Wenn sowohl ein Versuchsleiter als auch die Versuchspersonen erwarten, dass ein Medikament oder Trainingsprogramm wirkt, dann ist die interne Validität einer Studie doppelt gefährdet bzw. der Effekt der UV möglicherweise doppelt konfundiert. In solchen Fällen werden – insbesondere in der Medizin bei der Prüfung der Wirksamkeit neuer Medikamente – sogenannte *Doppelblindversuche* durchgeführt. In Doppelblindversuchen wissen weder die Versuchsleiter noch die Versuchspersonen, ob sie in der Experimental- oder Kontrollgruppe sind. Sie wissen also nicht, ob sie ein Medikament verabreichen bzw. einnehmen oder ein Training durchführen bzw. erhalten, dessen überlegene Wirksamkeit gegenüber einem anderen Medikament oder Placebo bzw. einem anderen Training überprüft werden soll. Damit werden sowohl Versuchsleitererwartungseffekte als auch Erwartungen der Versuchspersonen kontrolliert, da alle Beteiligten in jeder Bedingung gleichermaßen erwarten können, dass das Treatment wirkt oder auch nicht.

### 4.3.3 Situationsbezogene Störvariablen

Alle objektiven Unterschiede in der Versuchssituation, z. B. die Tageszeit, Beleuchtung, das Versuchsmaterial, die Anordnung von Geräten im Raum aber auch unterschiedliche Versuchsleiter sind potentielle Störvariablen in der experimentellen Untersuchungssituation. Um solche situationsbezogenen Störvariablen zu kontrollieren, werden grundsätzlich zwei Techniken verwendet: *Konstanthalten* und *Eliminieren*. *Konstanthalten* bedeutet, dass die oben genannten objektiven Aspekte der Versuchssituation für jede einzelne Versuchssituation möglichst identisch gestaltet bzw. gehalten werden, z. B. auch durch Versuchsleiterschulungen, die darauf abzielen, dass sich unterschiedliche Versuchsleiter möglichst identisch verhalten, etwa wenn sie Instruktionen vermitteln oder auf Nachfragen antworten. Störvariablen im Wortsinn, wie z. B. Lärm oder ungewollte Unterbrechungen sollten möglichst *eliminiert* werden.

In Within-subjects-Designs wie dem oben skizzierten Gedächtnis-Experiment können sogenannte *Positionseffekte* und auch *Übertragungseffekte* (carry-over-effects) auftreten. Wenn Probanden zuerst einsilbige und dann mehrsilbige Wörter lernen sollen, dann sind die mehrsilbigen Wörter möglicherweise „im Nachteil", weil nach dem Lernen der einsilbigen Wörter die Konzentration und das Gedächtnis vielleicht schon ermüdet sind. Umgekehrt kann allerdings auch argumentiert werden, dass mögliche anfängliche Nervosität, die das Lernen der einsilbigen Wörter zu Beginn des Experiments beeinträchtigt, beim Lernen der mehrsilbigen Wörter nachgelassen hat. Die Position der Stufen des Treatments würde demnach die AV konfundieren. Von *Übertragungseffekten* spricht man dagegen, wenn ein Proband innerhalb einer

Stufe des Treatments z.B. eine Strategie erlernt, mit der er sich Wortlisten am besten einprägen kann und diese Strategie dann auf die nächste Stufe des Treatments überträgt. Um Positions- und Übertragungseffekte zu kontrollieren, werden einem Teil der Probanden zuerst die mehrsilbigen und dann die einsilbigen Wörter präsentiert, dem anderen Teil zuerst die einsilbigen und dann die mehrsilbigen Wörter. Dieses Vorgehen wird – wie im Fall der systematischen Zuordnung verschiedener Versuchsleiter zu den unterschiedlichen experimentellen Bedingungen – *„Balancieren"* genannt.

Insbesondere wenn sich ein Treatment, z.B. ein Trainingsprogramm oder eine Therapie, über einen längeren Zeitraum und über mehrere Termine erstreckt, können das *zwischenzeitliche Geschehen* und *Reifungsprozesse* die interne Validität gefährden. Wenn etwa in einem mehrwöchigen Trainingsprogramm zur Reduktion von Redeängstlichkeit die teilnehmenden Studierenden zwischen den Trainingssitzungen erfolgreiche oder weniger erfolgreiche Referate vor einem größeren Publikum halten, dann ist es plausibel anzunehmen, dass sich diese Ereignisse positiv oder negativ auf die Redeängstlichkeit der Probanden auswirken und die eigentlichen Trainingseffekte konfundiert werden. Unabhängig von solchen äußeren Ereignissen können Probanden im Laufe eines längeren, aber auch innerhalb kürzerer Treatments älter, hungriger, erfahrener, weniger aufmerksam etc. werden. Gerade in quasi-experimentellen Untersuchungen zur Evaluation längerfristig angelegter Interventionsmaßnahmen sind das zwischenzeitliche Geschehen und Reifungsprozesse nur sehr schwer bzw. gar nicht auszuschalten. Gerade das zwischenzeitliche Geschehen kann aber diagnostisch erfasst und bei der Interpretation der Ergebnisse berücksichtigt werden. Wenn dann z.B. in dem oben erwähnten Trainingsprogramm zur Reduktion von Redeängstlichkeit keine erfolgreichen oder weniger erfolgreichen Referate zwischen den Sitzungen gehalten wurden oder sich über die experimentellen Bedingungen gleich verteilen, dann kann diese wichtige Störvariable deutlich relativiert werden.

[📖] Literaturempfehlungen

Huber, O. (2009). *Das psychologische Experiment: Eine Einführung*. Bern: Huber.
Shadish, W. R., Cook, T. D., & Campbell, D. T. (2002). *Experimental and quasi-experimental design for generalized causal inference*. Boston: Houghton-Mifflin.

# 5 Korrelationsforschung

In diesem Kapitel steht der zweite Forschungsansatz (vgl. Abschnitt 2.3) im Mittelpunkt, mit dem Hypothesen geprüft werden können: die Korrelationsforschung. In der Korrelationsforschung werden Zusammenhänge zwischen zwei oder mehreren Merkmalen untersucht. Während die experimentelle Forschung darauf abzielt, Variationen der abhängigen Variable(n) durch die Manipulation von unabhängigen Variablen *selbst herzustellen*, geht es in der Korrelationsforschung meist um Zusammenhänge zwischen *bereits existierenden* Variationen zwischen Merkmalen von Individuen, sozialen Gruppen oder anderen interessierenden Merkmalsträgern (vgl. Cronbach, 1957): Gibt es z. B. einen Zusammenhang zwischen Intelligenz und Berufserfolg? Wie hängen Persönlichkeitsmerkmale mit der Bewältigung von Stress zusammen? Welche soziodemographischen (z. B. Alter, Bildungsstand) und welche Persönlichkeitsmerkmale (z. B. Extraversion, Gewissenhaftigkeit, Impulsivität) hängen mit welchen Arten der Internetnutzung zusammen?

Das Experiment gilt für die psychologische Forschung zwar als der „Königsweg", weil mit dieser Methode kausale Beziehungen zwischen unabhängigen und abhängigen Variablen untersucht und aufgedeckt werden können. Die experimentelle Methode setzt allerdings voraus, dass sich unabhängige Variablen willkürlich variieren und Störvariablen möglichst vollständig kontrollieren lassen. Diese Bedingungen können bei vielen psychologischen und insbesondere sozialwissenschaftlichen Fragestellungen aus prinzipiellen, ökonomischen und ethischen Gründen nicht realisiert werden. Wenn z. B. die Bedeutung von Persönlichkeitsmerkmalen für Gesundheit und psychisches Wohlbefinden untersucht werden soll, dann können Persönlichkeitsmerkmale wie z. B. Extraversion, Gewissenhaftigkeit und emotionale Labilität nicht willkürlich variiert, d. h. hergestellt werden, da diese Eigenschaften als sogenannte Organismusvariablen bereits in einer bestimmten Ausprägung vorliegen. Ein anderes Beispiel ist das Geschlecht eines Untersuchungsteilnehmers, das vom Experimentator natürlich nicht willkürlich verändert werden kann. Organismusvariablen können in einem Experiment zwar nicht systematisch variiert, aber selegiert werden, d. h. das Geschlecht einer Versuchsperson kann als zusätzlicher Faktor in einem mehrfaktoriellen Design berücksichtigt werden. Bei anderen Fragestellungen ist ein experimenteller Zugang aus ökonomischen oder ethischen Gründen nicht möglich.

Verfahren zur Analyse von Zusammenhängen kommen in der sozialwissenschaftlichen Forschung (z. B. Soziologie, Politologie, Psychologie) aus den genannten Gründen häufiger zum Einsatz als die experimentelle Methode, sie haben allerdings einen entscheidenden Nachteil: *Korrelative Zusammenhänge dürfen nicht kausal interpretiert werden*; es ist lediglich möglich, durch bestimmte korrelative Designs – Längsschnittstudien und insbesondere cross-lagged panel designs (vgl. Campbell, 1963) – und/oder inhaltliche Überlegungen die Anzahl kausaler Erklärungsalternativen einzuschränken bzw. zu falsifizieren. Jedoch hängt die Frage nach der kausalen Interpretierbarkeit korrelativer Zusammenhänge auch vom zugrundeliegenden Kausalitätskonzept ab (vgl. z. B. Hodapp, 1984, Kapitel 2). Allerdings können mit Hilfe der Korrelationsforschung Zusammenhänge zwischen vielen Variablen untersucht werden. In einem Experiment werden dagegen in der Regel nur wenige unabhängige und abhängige Variable berücksichtigt.

Um Missverständnisse zu vermeiden, sei gleich an dieser Stelle darauf hingewiesen, dass Korrelationsforschung nicht auf eine einzige statistische Prozedur beschränkt ist, etwa den Bravais-Pearson Korrelationskoeffizienten. Auch regressions- und faktorenanalytische Analyseverfahren (vgl. 5.2.1 und 5.2.3) zählen zur Korrelationsforschung, denn auch damit werden bestimmte Arten von Zusammenhängen ermittelt.

## 5.1 Bivariate Zusammenhänge

Bivariate Zusammenhangshypothesen betreffen *vermutete Assoziationen zwischen zwei Merkmalen*. Gibt es z. B. einen Zusammenhang zwischen dem Alter und der durchschnittlichen Internetnutzungszeit pro Woche? Diese Fragestellung lässt sich je nach Vorwissen (bzw. in anderen Fällen theoretisch begründet) als ungerichtete oder gerichtete Zusammenhangshypothese formulieren. *Ungerichtete Zusammenhangshypothesen* nehmen lediglich eine Assoziation zwischen zwei Merkmalen an und spezifizieren nicht, ob es sich dabei um einen negativen oder positiven Zusammenhang handelt, in unserem Beispiel: Das Alter und die Internetnutzung hängen zusammen. *Gerichtete Zusammenhangshypothesen* spezifizieren dagegen die Richtung der Assoziation, z. B. das Alter hängt negativ mit der durchschnittlichen Internetnutzungszeit zusammen oder anders formuliert: Höheres Alter geht mit niedrigerer Internetnutzung einher. Die Richtung des Zusammenhangs kann auch positiv formuliert werden, in unserem Fall würde die Hypothese dann lauten: Höheres Alter geht mit höherer Internetnutzung einher.

Um diese bivariate (ungerichtete oder gerichtete) Zusammenhangshypothese untersuchen zu können, müssen die beiden Merkmale an einer größeren, möglichst repräsentativen Stichprobe erhoben werden (die durchschnittliche Internetnutzungszeit lässt sich z. B. einfach, aber relativ ungenau per Selbsturteil einschätzen). Pro Person oder Merkmalsträger würden dann zwei Messwerte resultieren und für die gesamte Stichprobe zwei Messwerte-Reihen mit eindeutig einander zuordnenbaren Messwerten. Mit Hilfe eines Korrelationskoeffizienten lässt sich nun ermitteln, in welchem Ausmaß die beiden Merkmale Alter und durchschnittliche Internetnutzungszeit pro Woche gemeinsam variieren; diese gemeinsame Variation zweier Merkmale wird auch Kovariation genannt. Ein *positiver oder negativer linearer Zusammenhang* liegt vor, wenn hohe Ausprägungen des einen Merkmals mit hohen bzw. niedrigen Ausprägungen des anderen Merkmals assoziiert sind, z. B. je höher das Alter desto niedriger die durchschnittliche Internetnutzungszeit (negativer linearer Zusammenhang). Neben solchen linearen Zusammenhängen findet man in der Psychologie auch *nicht-lineare Zusammenhänge* (vgl. Bortz & Schuster, 2010, Kapitel 11.3 sowie Eid et al., 2010, Kapitel 18.10). Zum Beispiel könnte der Zusammenhang zwischen der Internetnutzung und dem Alter empirisch auch so aussehen, dass die Nutzung bis zum jungen Erwachsenenalter zunächst ansteigt, ab dem mittleren Erwachsenenalter ein Plateau erreicht und im hohen Erwachsenenalter dann wieder abfällt.

Neben der Art (linear vs. nicht-linear) und der Richtung (positiv oder negativ) eines Zusammenhangs lässt sich noch die Enge des Zusammenhangs bestimmen. Korrelationskoeffizienten können Werte zwischen + 1 und – 1 annehmen. Je höher der Betrag des Koeffizienten desto enger der (positive oder negative) Zusammenhang zwischen zwei Merkmalen. Wird ein Korrelationskoeffizient von + 1 oder – 1 ermittelt, dann liegt ein perfekter linearer und damit nicht mehr stochastischer, sondern deterministischer Zusammenhang vor. Die Ausprägungen des einen Merkmals lassen sich dann bei Kenntnis der Ausprägungen des anderen Merkmals perfekt vorhersagen. Derart hohe Korrelationen kommen empirisch in der Psychologie aus verschiedenen Gründen so gut wie nie vor, da Erleben und Verhalten immer mit multiplen Bedingungen assoziiert ist, die zudem in Wechselwirkung treten können (vgl. 5.2.2). Abgesehen davon mindern Fehler bei der Messung der interessierenden Merkmale die Enge des Zusammenhangs. Nach Konventionen von Cohen (1988) können Korrelationen um +/– .10 als schwache (positive/negative) Zusammenhänge, um +/– .30 als mittlere Zusammenhänge und um +/– .50 als starke Zusammenhänge interpretiert werden. Eine Korrelation von +/– .50 zwischen zwei Merkmalen ist zwar noch weit von einem perfekten Zusammenhang entfernt; wenn man aber die multiple Bedingtheit von Erleben und Verhalten bedenkt, dann ist eine Korrelation um .50 zwischen lediglich zwei Merkmalen schon bemerkenswert hoch. Welcher Korrelationskoeffizient berechnet werden kann, hängt vom Skalenniveau der erfassten Merkmale ab (vgl. Kapitel 3). So eignet sich für Intervalldaten der Produkt-Moment-Korrelationskoeffizient, während für Rangdaten z. B. der Spearman-Korrelationskoeffizient herangezogen werden kann (zu den statistischen Details vgl. z. B. Bortz & Schuster, 2010, Kapitel 10).

Bei dem angeführten Beispiel zum Lebensalter und dem Ausmaß der Internetnutzung handelt es sich um ein *Querschnittdesign,* bei dem die Erhebung der Merkmalsausprägungen nur zu einem bestimmten Messzeitpunkt erfolgt. In einem *Längsschnittdesign* würde im bivariaten Fall ein und dasselbe Merkmal bei allen Personen einer Stichprobe zu zwei verschiedenen Messzeitpunkten erhoben werden; oder ein Merkmal, z. B. die Abiturnote, wird zur Vorhersage eines zukünftigen Merkmals, z. B. des Studienerfolgs, verwendet.

## 5.2 Multivariate Zusammenhänge

Unsere bisher formulierte bivariate Hypothese zum Zusammenhang zwischen Alter und Internetnutzung ist sehr einfach – zu einfach, denn Erleben und Verhalten hängt immer von vielen verschiedenen Merkmalen und Bedingungen ab, die u. U. miteinander interagieren können. Auch für die durchschnittliche Internetnutzungszeit pro Woche sind sicherlich mehr Bedingungen von Bedeutung als nur das Alter. Das Geschlecht, der Bildungsstand, der berufliche und sozioökonomische Status, der Wohnort (Stadt vs. Land und damit Zugang zu DSL oder nicht) und auch Persönlichkeitsmerkmale können mit der durchschnittlichen Internetnutzungszeit assoziiert sein. Auch die Internetnutzung selbst lässt sich vielfältiger beschreiben und erfassen als lediglich durch die durchschnittliche Nutzungszeit pro Woche: Welche Internetdienste werden wie lange genutzt? Soll zwischen beruflicher und privater Internetnutzung unterschieden werden?

Wenn der Zusammenhang zwischen mehreren Merkmalen zu einem oder mehreren weiteren Merkmal(en) untersucht werden soll, dann wird formal zwischen *Prädiktoren,* also Vorhersage-Variablen, und *Kriterien,* die vorherge-

# Multivariate Zusammenhänge 93

sagt werden sollen, unterschieden. Diese Unterscheidung macht besonders dann Sinn, wenn das oder die Kriterien zeitlich gesehen nach der Erfassung der Prädiktoren erhoben werden. In der psychologischen Internetforschung ist dieses methodische Prinzip u. a. in den Studien von Kraut und Mitarbeitern (Kraut, Lundmark, Kiesler, Mukhopadhyay & Scherlis, 1998) umgesetzt worden. Die Autoren erfassten zuerst mehrere Prädiktoren bei einer Stichprobe von Personen mit niedrigem sozio-ökonomischen Status und stellten den Probanden dann kostenlos Rechner mit Internetzugang zur Verfügung. Die Internetnutzung wurde online protokolliert, d. h. die Forscher beobachteten über log-Dateien, wie oft, wie lange und welche Dienste die Probanden im Internet in Anspruch genommen haben. Diese Methode hat gegenüber den oben angedeuteten Selbsteinschätzungen der Internernutzung entscheidende Vorteile, lässt sich aber unter ethischen Gesichtspunkten kontrovers diskutieren (vgl. Kapitel 8). Die Unterscheidung zwischen Prädiktoren und Kriterien entspricht der Unterscheidung zwischen unabhängigen und abhängigen Variablen im Experiment. In einigen Lehrbüchern (z. B. Cohen, Cohen, West & Aiken, 2003) wird auch in korrelativen Designs von UVs und AVs gesprochen. Wir bevorzugen allerdings die Begriffe Prädiktor und Kriterium, um nicht Gefahr zu laufen, die im Experiment mögliche Manipulation der UV und die Möglichkeit zur Prüfung von Kausalhypothesen stillschweigend auch für die Korrelationsforschung zu implizieren.

Im Folgenden werden die wichtigsten Varianten zur Untersuchung multivariater korrelativer Zusammenhänge vorgestellt. Wir beginnen mit einem in der Forschungspraxis sehr häufigen Anwendungsfall, bei dem *mehrere* Prädiktoren zur Vorhersage *eines* Kriteriums herangezogen werden. Ein sich systematisch anschließender Fall, der hier nur erwähnt wird, betrifft den sogenannten *kanonischen Zusammenhang* eines Sets aus mehreren Prädiktoren mit einem Set aus mehreren Kriterien.

## 5.2.1 Mehrere Prädiktoren und eine Kriteriumsvariable

In der Psychologie werden häufig Zusammenhänge zwischen mehreren Prädiktoren und einem Kriterium untersucht. Zur Veranschaulichung greifen wir noch einmal auf unser Internetbeispiel zurück: Wie hängen das Geschlecht, der Bildungsstand, der berufliche und soziökonomische Status, der Wohnort und Persönlichkeitsmerkmale mit der durchschnittlichen Internetnutzungszeit zusammen? Nachdem mit geeigneten Methoden Daten zu den genannten Prädiktoren und zum Kriterium erhoben wurden, lässt sich diese Zusammenhangshypothese mit Hilfe der *multiplen Regressionsrechnung* analysieren. Das Ergebnis einer multiplen Regressionsanalyse ist eine Gleichung zur Vorhersage der Kriteriumswerte sowie der multiple Korrelationskoeffizient, der den Zusammenhang zwischen den vorhergesagten und den tatsächlichen Kriteriumswerten quantifiziert. Warum werden eigentlich nicht mehrere bivariate Korrelationen berechnet, um den Zusammenhang zwischen den Prädiktoren und dem Kriterium zu bestimmen? Aus verschiedenen Gründen:

Erstens lässt sich eine multiple Regressionsanalyse so durchführen, dass aus einer Vielzahl von Prädiktoren diejenigen bestimmt werden können, die zur Vorhersage des Kriteriums einen substantiellen Beitrag leisten. Anders ausgedrückt lassen sich Prädiktoren identifizieren, die im Kontext der multiplen Vorhersage redundant sind, obwohl sie eine bivariate Korrelation mit dem Kriterium aufweisen. Diese Redundanz kann resultieren, wenn die Prädiktoren untereinander korrelieren und damit ähnliche Merkmalsanteile erfassen, was z. B. für den Bildungsstand und den sozio-ökonomischen Status der Fall ist oder auch für Persönlichkeitsmerkmale wie soziale Ängstlichkeit und Selbstwertschätzung (deutliche negative Korrelation). Ein Beispiel für den Einsatz der multiplen Regressionsanalyse zur Vorhersage der Internetnutzung finden Sie bei Wolfradt und Doll (2005). Die beiden Autoren haben verschiedene Persönlichkeitsmerkmale und das Geschlecht als Prädiktoren für verschiedene Arten der Internetnutzung untersucht. Dabei resultierte u. a., dass die instrumentell-unterhaltungsorientierte Internetnutzung (z. B. Musik und Filme downloaden, die Homepage von Freunden besuchen, online-shopping) bei den männlichen Befragten durch hohe Werte in Extraversion und Offenheit für neue Erfahrungen vorhergesagt werden kann.

Zweitens können *Interaktionseffekte* zwischen den unterschiedlichen Prädiktoren bestimmt und damit das gemeinsame Zusammenwirken zweier Merkmale auf das Kriterium untersucht werden. In der multiplen Regressionsanalyse werden solche Interaktionen im Rahmen von sogenannten Moderator-Hypothesen geprüft (moderierte Regression, vgl. Abschnitt 5.2.2).

### 5.2.2 Untersuchung von Moderator- und Mediatorhypothesen

Im vorherigen Abschnitt wurde bereits angedeutet, dass *Interaktionseffekte* zwischen den Prädiktoren bestimmt und damit das gemeinsame Zusammenwirken von in der Regel zwei Merkmalen auf das Kriterium untersucht werden kann. In der multiplen Regressionsanalyse werden solche Interaktionen im

Rahmen von sogenannten *Moderator-Hypothesen* untersucht. Eine Moderatorvariable ist eine qualitative (z. B. Geschlecht, Schichtzugehörigkeit) oder quantitative (z. B. Ausprägungen eines Persönlichkeitsmerkmals) Variable, die die Richtung und/oder die Enge des Zusammenhangs zwischen einer Prädiktor-Variable und einer Kriteriumsvariable beeinflusst (Baron & Kenny, 1986). Anders ausgedrückt liegt ein Moderatoreffekt dann vor, wenn die Beziehung zwischen zwei Variablen von der Ausprägung einer dritten Variable abhängt (vgl. Abbildung 5.2-1).

Als Beispiel kann noch einmal der oben bereits skizzierte Befund von Wolfradt und Doll (2005) herangezogen werden: Der Zusammenhang zwischen Extraversion bzw. Offenheit für Erfahrung und der unterhaltungsorientierten Internetnutzung gilt nämlich nur für Männer, nicht aber für Frauen. Das Geschlecht moderiert den Zusammenhang zwischen den genannten Variablen. Nur wenn die Geschlechtsausprägung „männlich" vorliegt, findet sich ein positiver Zusammenhang.

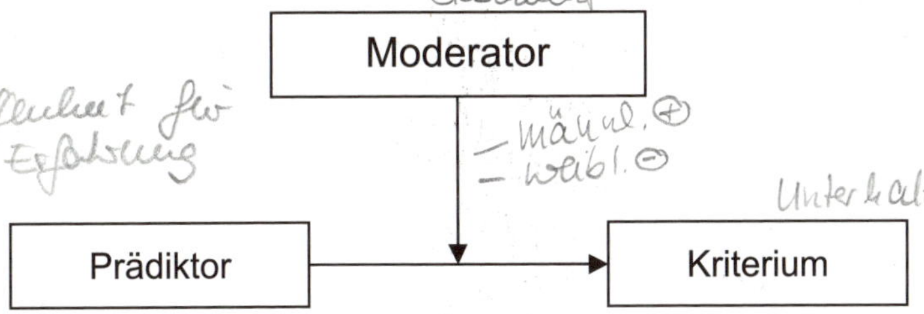

*Abbildung 5.2-1* Veranschaulichung des Moderatoreffekts

Im korrelativen Ansatz erfolgt die Überprüfung einer Moderator-Hypothese in einer hierarchischen, moderierten Regression (vgl. Cohen et al., 2003).

Während eine Moderator-Variable spezifiziert, unter welchen Bedingungen welche Art des Zusammenhangs zwischen zwei Variablen besteht, erklärt eine *Mediator-Variable* den Prozess oder „Mechanismus", durch den eine Prädiktorvariable eine Kriteriumsvariable „beeinflusst" (MacKinnon, Fairchild & Fritz, 2007). Ein Mediator ist eine Variable, die erklärt, *„warum"* ein Zusammenhang zwischen zwei anderen Variablen besteht. Damit verbunden ist die Idee einer Abfolge von Beziehungen, bei der eine Prädiktorvariable eine Mediatorvariable beeinflusst (vgl. Pfad a in Abbildung 5.2-2), die dann wiederum eine Kriteriumsvariable (Pfad b) beeinflusst. Durch die Mediation wird der Zusammenhang zwischen Prädiktor und Kriterium (Pfad c) erklärt.

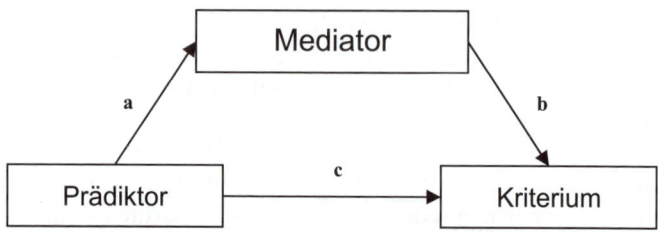

*Abbildung 5.2-2* Veranschaulichung des Mediatoreffekt

In der Psychologie lässt sich die Idee der Mediation mit dem sehr verbreiteten S-O-R-Modell, das erstmals von Woodworth (1928) formuliert und später insbesondere im kognitionspsychologischen Paradigma aufgegriffen und ausgearbeitet wurde, veranschaulichen. Demnach resultiert die Reaktion (R) auf einen externen Reiz bzw. Stimulus (S) aufgrund zahlreicher intervenierender Verarbeitungsprozesse innerhalb eines aktiven Organismus (O). Diese Verarbeitungsprozesse vermitteln bzw. mediieren den Zusammenhang zwischen Reiz und Reaktion.

In der empirisch-psychologischen Forschung werden Moderatoren typischerweise dann gesucht, wenn zwischen einer Prädiktor- und einer Kriteriumsvariable unerwartet niedrige oder inkonsistente Zusammenhänge resultierten, d.h. wenn ein Zusammenhang in unterschiedlichen Stichproben bzw. Populationen unterschiedlich ausfällt. Mediatoren werden dagegen insbesondere dann analysiert, wenn deutliche und gesicherte Zusammenhänge zwischen zwei Variablen bestehen und Hypothesen über die näheren Wirkmechanismen geprüft werden sollen (Baron & Kenny, 1986, p. 1178).

### 5.2.3 Faktorielle Zusammenhänge

In den Kapiteln 2 und 3 wurde bereits darauf hingewiesen, dass die Antworten auf mehrere Items in der Regel nicht einzeln ausgewertet und interpretiert, sondern nach bestimmten statistischen Prinzipien in einem einzigen Messwert zusammengefasst werden. Wie kommt man nun darauf, bestimmte *Items* (d.h. Testaufgaben oder Fragen bzw. die Antworten darauf) zu einem Gesamtwert zusammenzufassen? Unter welchen Bedingungen ist es gerechtfertigt, die Antworten auf mehrere Items zu einem einzigen Gesamt-Score zu kombinieren? Es erscheint – zunächst unabhängig von statistischen Erwägungen – sinnvoll, solche Items zusammenzufassen, die „irgendwie das

Gleiche" messen. Um statistisch feststellen zu können, was „irgendwie das Gleiche" sein könnte, ist die Durchführung einer *explorativen Faktorenanalyse* indiziert. Die mit einer Faktorenanalyse verbundene Hypothese ist, dass sich die wechselseitigen Zusammenhänge vieler beobachteter bzw. gemessener Variablen durch wenige, in der Regel voneinander unabhängige *(orthogonale) Faktoren* bzw. Dimensionen erklären lassen. Viele miteinander korrelierende Merkmale werden somit auf wenige, voneinander unabhängige Faktoren reduziert; gerade diese Faktoren werden dann auch *latente Variablen* genannt.

Die Reduktion einer großen Datenmenge, z. B. der Einschätzungen auf 50 oder noch mehr Items auf wenige, z. B. drei bis vier Faktoren ist mit mindestens zwei Vorteilen verbunden:

(1) *Wenige Dimensionen können leichter weiterverarbeitet und kommuniziert werden.* Stellen Sie sich vor, Sie würden die Einschätzungen auf den 50 Items als einzelne Prädiktoren zur Vorhersage des Kriteriums Internetnutzung heranziehen. Ein solches Vorgehen macht wenig Sinn, insbesondere wenn viele der 50 Items redundant sind, d. h. hoch untereinander und mit dem Kriterium korrelieren.

(2) Ein noch wichtigeres Argument für die Identifikation von Faktoren ist die damit verbundene Möglichkeit, Messungen zu aggregieren, d. h. zu einem Wert zusammenzufassen. Nach dem *Aggregationsprinzip* liefert die Summe mehrerer (miteinander korrelierender) Messungen eine stabilere und repräsentativere Schätzung eines Merkmals als eine einzelne Messung (Rushton, Brainerd & Pressley, 1983). Die höhere Reliabilität (vgl. Abschnitt 3.3) mehrerer Messungen hängt damit zusammen, dass einzelne Messungen immer fehlerbehaftet sind. Wenn viele Messungen miteinander kombiniert werden, gleichen sich die Fehler dagegen aus.

Wichtig ist zudem die *Unterscheidung zwischen explorativen und konfirmatorischen Faktorenanalysen.* Eine explorative Faktorenanalyse ist ein statistisches Verfahren, das einem Variablengeflecht eine Ordnung unterlegt, mit der sich die Variableninterkorrelationen mehr oder weniger gut „erklären" lassen. Insbesondere geht es bei diesen Verfahren um die Ermittlung der Anzahl der Faktoren. Es gibt jedoch nicht nur eine einzige Ordnung, die die Merkmalszusammenhänge erklärt. Deshalb muss der Forscher dasjenige Ordnungssystem herausfinden, das sich nicht nur statistisch, sondern auch theoretisch am besten begründen lässt. Ist innerhalb einer gegebenen Menge von Variablen/Items mittels exploratorischer Faktorenanalyse eine Faktorenstruktur ermittelt worden, so kann in weiteren Studien geprüft werden, ob sich diese Faktorenstruktur auch in anderen Stichproben replizieren und bestätigen lässt. In einer *konfirmatorischen Faktorenanalyse* wird die Hypothese geprüft, dass eine bestimmte Faktorenstruktur auch in weiteren Stichproben mit den gegebenen Variablen/Items gilt bzw. zutrifft.

## 5.3 Pfadanalysen und Strukturgleichungsmodelle

Die Pfadanalyse erweitert die multiple Korrelations- und Regressionsrechnung, indem Zusammenhänge zwischen mehreren unabhängigen und abhängigen Variablen gleichzeitig berücksichtigt werden. In Theorien bzw. theoretischen Modellen werden in der Regel Zusammenhänge zwischen mehr als zwei oder drei Variablen postuliert und es liegen auch Annahmen über Kausalbeziehungen zwischen den Variablen vor. Solche Zusammenhänge können in einem Pfadmodell grafisch dargestellt und einer empirisch-statistischen Prüfung unterzogen werden.

Sie haben im Abschnitt 5.2.2 bereits das Mediatorkonzept kennengelernt. In der Pfadanalyse und auch in Strukturgleichungsmodellen können die mediierenden Variablen ebenfalls als abhängige Variable aufgefasst werden, wenn *theoretisch* angenommen wird, dass die im Modell als unabhängig betrachtete Variable „kausal" die mediierende Variable beeinflusst. Abbildung 5.3-1 zeigt das Pfaddiagramm eines einfachen pfadanalytischen Modells.

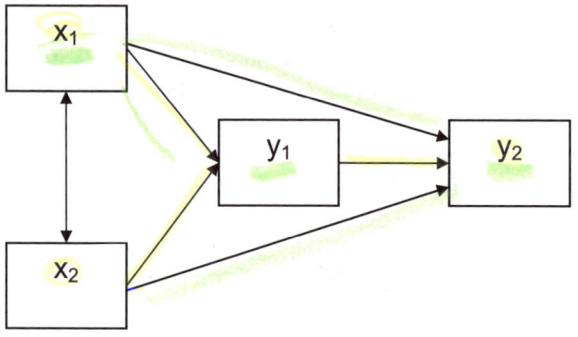

*Abbildung 5.3-1* Ein einfaches pfadanalytisches Modell

In einem Pfadmodell werden direkte und indirekte Effekte unterschieden: *Direkte Effekte* sind unvermittelte (d.h. unmittelbare) Zusammenhänge zwischen einer unabhängigen und einer abhängigen Variable. In Abbildung 5.3-1 symbolisieren z.B. die Pfeile von $x_1$ zu $y_1$ sowie $x_1$ zu $y_2$ direkte Effekte. Dagegen werden die Pfade von $x_1$ bzw. $x_2$ über $y_1$ zu $y_2$ als *indirekte Effekte* bezeichnet. Indirekte Effekte sind also Zusammenhänge zwischen zwei Variablen, die von einer (oder mehreren) anderen Variablen mediiert werden. Zum Beispiel könnten Zusammenhänge zwischen Extraversion ($x_1$) und Verträglichkeit ($x_2$) auf das Stresserleben ($y_2$) sowie eine mögliche Mediation durch die Bewältigungsstrategie Soziale Unterstützung ($y_1$) untersucht werden.

Der Doppelpfeil zwischen $x_1$ und $x_2$ symbolisiert einen nur korrelativen Zusammenhang zwischen diesen beiden Variablen – sei es, weil (a) aus theoretischer oder methodischer Sicht (z. B. bei zeitgleicher Erhebung der Variablen $x_1$ und $x_2$) keine „kausale" Beziehung zwischen diesen Variablen spezifiziert werden kann oder weil (b) in Pfadmodellen mehrere unabhängige Variablen verwendet werden können, zwischen denen keine „kausalen" Beziehung spezifiziert werden muss.

*Strukturgleichungsmodelle:* Eine Theorie enthält gemäß der Aussagenkonzeption (vgl. Stegmüller, 1973) theoretische Begriffe oder Konstrukte und Beobachtungsbegriffe. Ängstlichkeit z. B. ist ein hypothetisches Konstrukt, das nicht direkt beobachtbar ist; es ist *latent*, d.h. es „verbirgt" sich sozusagen hinter den beobachtbaren Phänomenen. Beobachtbare, manifeste Phänomene bzw. Indikatoren lassen sich aber über sogenannte Korrespondenzregeln mit den theoretischen Begriffen verknüpfen. Im Abschnitt 5.2.3 haben wir mit der Faktorenanalyse ein statistisches Verfahren in Grundzügen kennen gelernt, das die Ableitung von latenten Variablen, eben den sogenannten Faktoren, aus den korrelativen Beziehungen zwischen beobachteten, manifesten Variablen (z. B. Selbst- oder Fremdeinschätzungen in einem Fragebogen, beobachtete Häufigkeiten bestimmter Verhaltensweisen) gestattet.

Wenn wir nun dieses faktorenanalytische Prinzip der Unterscheidung zwischen manifesten und latenten Variablen mit den regressions- und pfadanalytischen Modellen verbinden, dann entsteht eine neue Klasse von Verfahren, die sogenannten (linearen) Strukturgleichungsmodelle. Der Begriff „Strukturgleichungsmodelle" ist die generische Bezeichnung für eine Gruppe von Verfahren (vgl. z. B. Raykov & Marcoulides, 2006) zu der z. B. auch die konfirmatorische Faktorenanalyse gezählt wird.

Eine *Pfadanalyse* basiert lediglich auf manifesten, d.h. beobachteten Variablen. Ein Strukturgleichungsmodell umfasst dagegen ein Messmodell und ein Strukturmodell. Das *Messmodell* spezifiziert die Beziehungen zwischen den beobachteten Variablen und den hypothetischen Konstrukten. Das *Strukturmodell* beschreibt die Zusammenhänge zwischen den theoretischen Konstrukten. Ein Strukturgleichungsmodell ist also ein Pfadmodell, das ein Messmodell enthält. Das Messmodell hat den Vorteil, dass Fehler bei der Messung beobachteter Variablen explizit berücksichtigt und die Zusammenhänge zwischen den latenten Variablen deshalb genauer geschätzt werden können. Die folgende Abbildung 5.3-2 veranschaulicht die Unterscheidung zwischen dem Strukturmodell und drei Messmodellen in einem Strukturgleichungsmodell mit drei latenten Variablen. Die Abbildung wurde in Anlehnung an den Beitrag von Nachtigall, Kroehne, Funke und Steyer (2003, S. 5) erstellt. Dieser gut lesbare englische Artikel zu den Vor- und Nachteilen von Strukturgleichungsmodellen ist auch online verfügbar (siehe Literaturempfehlungen am Ende dieses Kapitels).

Auch mit Pfadanalysen und Strukturgleichungsmodellen werden keine kausalen Zusammenhänge bestätigt. Es wird lediglich geprüft, ob und wie gut empirische Zusammenhänge zu einem theoretischen Modell passen. Genauer gesagt geht es auch bei diesen komplexeren Modellen um Falsifikation, also darum, ob ein theoretisches Modell aufgrund der empirischen Zusammenhänge verworfen werden muss oder nicht.

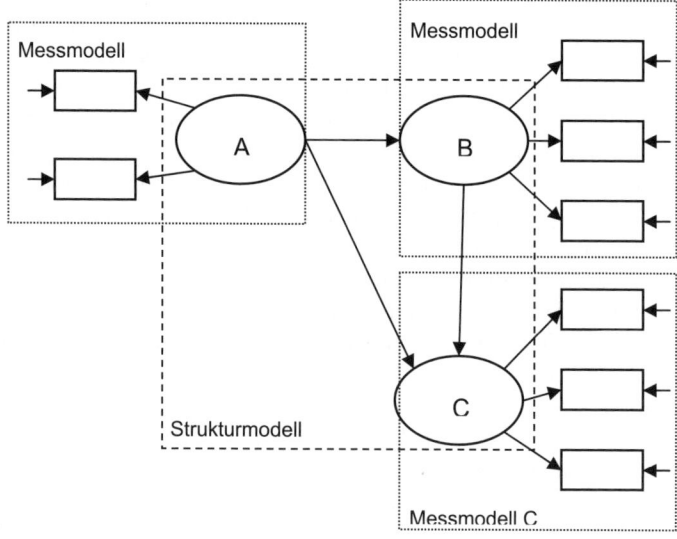

*Abbildung 5.3-2* Unterscheidung zwischen Strukturmodell und drei Messmodellen in einem Strukturgleichungsmodell mit drei latenten Variablen (in Anlehnung an Nachtigall et al., 2003, S. 5). A, B und C repräsentieren die latenten Variablen. Die leeren Rechtecke stehen für mögliche beobachtete Variablen, die „freien" Pfeile symbolisieren die jeweiligen Messfehler zu den beobachteten Variablen. Die Pfeile innerhalb des Strukturmodells stehen für die theoretisch angenommenen unidirektionalen Pfade zwischen den latenten Variablen.

📖 Literaturempfehlungen

Baron, R. M., & Kenny, D. A. (1986). The moderator-mediator variable distinction in social psychological research: Conceptual, strategic and statistical considerations. *Journal of Personality and Social Psychology, 51,* 1173–1182.

Cohen, J., Cohen, P., West, S., & Aiken, L. (2003). *Applied multiple regression/ correlation analysis for the behavioral sciences.* (3rd ed.). Hillsdale, NJ: Lawrence Erlbaum Associates.

Cronbach, L. J. (1957). The two disciplines of scientific psychology. *American Psychologist, 12,* 671–684.

Nachtigall, C, Kröhne, U., Funke, F. & Steyer, R. (2003). (Why) Should We Use SEM? Pros and Cons of Structural Equation Modeling. *MPR-Online, 8,* 1–22.

# 6 Einzelfallstudien

Einzelfallstudien – der dritte Forschungsansatz (vgl. 2.3) zur Untersuchung von Fragestellungen oder Prüfung von Hypothesen – haben in der Psychologie eine lange Tradition. Gegen Ende des 19. Jahrhunderts führte Herrmann Ebbinghaus seine berühmten Gedächtnisexperimente zum Behalten und Vergessen von sinnlosen Silben mit nur einer Versuchsperson durch: sich selbst. Sigmund Freud analysierte seine eigenen Träume und veröffentlichte etliche Fallstudien seiner Patienten unter jeweils charakteristischen Bezeichnungen (z. B. der kleine Hans, der Wolfsmann, der Rattenmann). Neuerdings werden solche Fallstudien in der Neuropsychoanalyse durchgeführt, einem neuen Forschungsgebiet, das eine neurowissenschaftliche Fundierung der Psychoanalyse anstrebt (Kaplan-Solms & Solms, 2003). In der Entwicklungspsychologie sind die sehr detaillierten Tagebuchaufzeichnungen von Clara und William Stern zum Verhalten ihrer beiden Kinder zu nennen; außerdem die Einzelfallstudien zur kognitiven Entwicklung von Jean Piaget. Auch in den vergangenen Jahrzehnten wurden teilweise einflussreiche einzelfallbezogene Studien, etwa zur Frage der transsituativen Konsistenz in der Persönlichkeitspsychologie vorgelegt (z. B. Shoda, Mischel & Wright, 1994). Dennoch sind idiografische (den Einzelfall beschreibende) Studien bei weitem weniger verbreitet als sogenannte nomothetische (Gesetze aufstellende), gruppenstatistische Untersuchungen, obwohl erstere mitunter nachdrücklich eingefordert werden (für die klinische Psychologie beispielsweise Grawe, 1988). Zu Beginn des 20. Jahrhunderts war die psychologische Grundlagenforschung deutlich einzelfallbezogener als heute. Der Übergang zu stärker gruppenstatistischen Studien ist dann erstaunlicherweise von der anwendungsbezogenen Forschung ausgegangen (vgl. Danziger, 1994). Erstaunlicherweise, weil man intuitiv wohl eher vermuten würde, dass in Anwendungskontexten Einzelfälle (z. B. bei der praktischen Arbeit mit einzelnen Klienten) eine größere Rolle spielen sollten als in der Grundlagenforschung.

Die Unterscheidung zwischen *Idiografie* und *Nomothetik* hat Wilhelm Windelband (1894) in seiner Antrittsrede als Rektor an der Universität Straßburg eingeführt, um methodische Vorgehensweisen der Gesetze suchenden Naturwissenschaften und der Geisteswissenschaften, die die Einzigartigkeit von Personen und Ereignissen in ihrer historischen Bedingtheit fokussieren, kritisch zu reflektieren. Die Psychologie sei nämlich weder den Natur- noch den Geisteswissenschaften eindeutig zuordenbar. Das methodische Vorgehen in der Psychologie sei zwar nomothetisch, beziehe sich aber auf Gegenstände der Geisteswissenschaften. Anzumerken ist, dass sich ein idiografisches und ein nomothetisches Vorgehen nicht ausschließen, vielmehr können zuerst spezifische Verhaltensmuster und Regelmäßigkeiten bei einzelnen Personen identifiziert werden; anschließend lassen sich dann Personen, die durch ähnliche Verhaltensmuster gekennzeichnet sind zu Gruppen zusammenfassen (sogenannter bottom-up-Ansatz, vgl. Asendorpf, 2000; Laux, 1995)

Die Unterscheidung zwischen Nomothetik und Idiografie ist aber aus einem anderen Grund bedeutsam. In der Psychologie besteht die Gefahr, dass die Ergebnisse gruppenstatistischer Untersuchungen fälschlicherweise auf den Einzelfall übertragen werden. Diese Gefahr wird im Abschnitt 6.1 erörtert. Anschließend geht es um die Frage, bei welchen Hypothesen und Problemstellungen Einzelfallstudien indiziert sind (vgl. 6.2). Im Abschnitt 6.3 werden die psychometrische Einzelfalldiagnostik, quasiexperimentelle Einzelfall-Designs und qualitative Einzelfallstudien voneinander abgegrenzt. Zudem werden das Problem der Generalisierung sowie Möglichkeiten zur Aggregation bzw. Agglutination von Einzelfällen angesprochen. Quantitative und qualitative Vorgehensweisen sind häufig als widerstreitende Paradigmen stilisiert worden; sie lassen sich aber in sogenannten Mixed Methods-Ansätzen produktiv kombinieren (vgl. Exkurs am Ende des Kapitels).

Einzelfall- bzw. Fallstudien sind nicht auf einzelne Personen beschränkt, sondern können sich auch auf Gruppen, Organisationen, Institutionen oder Ereignisse beziehen. Wenn in der Psychologie von Einzelfallstudien die Rede ist, stehen allerdings zumeist einzelne Individuen im Mittelpunkt, während z. B. in der Soziologie, der Politologie und in anderen Sozialwissenschaften, deren Fokus nicht in erster Linie die einzelne Person ist, Fallstudien alle möglichen singulären Einheiten betreffen können (vgl. die Beispiele in der Monografie von Yin, 2009).

## 6.1 Was sagen gruppenstatistische Kennwerte über den Einzelfall aus?

In den bisher dargestellten Versuchsplänen war fast immer die Untersuchung von mehr oder weniger großen Gruppen von Personen impliziert. So zielt eine

# Was sagen gruppenstatistische Kennwerte über den Einzelfall aus? 105

echte experimentelle Untersuchung darauf ab, Unterschiede zwischen der Experimental- und der Kontrollgruppe im Hinblick auf eine a priori aufgestellte Hypothese zu ermitteln – es geht aber nicht um Unterschiede zwischen *einzelnen* Personen der Experimental- und *einzelnen* Personen der Kontrollgruppe! Angenommen, wir würden eine experimentelle Untersuchung durchführen, in der geprüft werden soll, ob ein neues Trainingsprogramm (Intervention, Treatment bzw. unabhängige Variable) die sozialen Kompetenzen (abhängige Variable) der Trainingsteilnehmer bedeutsam steigert. Nehmen wir weiter an, eine Experimentalgruppe würde dieses Trainingsprogramm durchführen und eine Kontrollgruppe würde ein Buch über soziale Kompetenzen lesen. Wir erheben ferner mit geeigneten Messinstrumenten (z. B. Fragebogen zur Selbst- und Fremdeinschätzung, Verhaltensbeobachtung) Daten zur sozialen Kompetenz vor und nach den Interventionen (Training vs. Buch). Es resultiert das folgende, in Tabelle 6-1 veranschaulichte Design.

*Tabelle 6-1*  Beispiel für ein typisches experimentelles Design

|  | Pretests | Treatment | Posttests |
|---|---|---|---|
| **Experimentalgruppe** | Fragebogen, Verhaltensbeobachtung | Verhaltenstraining | Fragebogen, Verhaltensbeobachtung |
| **Kontrollgruppe** | | Buch | |

Im Anschluss an die Durchführung der experimentellen Untersuchung werten wir die Daten mit einem statistischen Verfahren aus (in diesem Fall wäre eine zweifaktorielle Varianzanalyse mit Messwiederholung geeignet) und stellen fest, dass sich die sozialen Kompetenzen in der EG signifikant mehr verbessert haben als in der KG. Was bedeutet dieses Ergebnis dann genau? Es bedeutet, dass sich die sozialen Kompetenzen *im Durchschnitt* über alle Probanden der Experimentalgruppe deutlicher verbessert haben als *im Durchschnitt* über alle Probanden der Kontrollgruppe. Auf der Ebene der Einzelfälle können sich hinter diesem Durchschnittseffekt die folgenden Konstellationen „verbergen":

(1) Zunächst kann es sein, dass alle Personen der Experimentalgruppe deutlicher von dem Trainingsprogramm profitieren als die Personen der Kontrollgruppe von der Lektüre des Buches. Mit anderen Worten: Bei jeder ein-

zelnen Person der Experimentalgruppe sind deutlichere Verbesserungen zu beobachten als bei jeder einzelnen Person in der Kontrollgruppe.

(2) Einige Personen der Experimentalgruppe profitieren deutlich von dem Training, während andere Personen der Experimentalgruppe weniger deutlich oder gar nicht profitieren; der Durchschnittseffekt wäre aber immer noch höher als in der Kontrollgruppe.

(3) Einige Personen in der Experimentalgruppe profitieren sehr stark, bei anderen verringert sich die soziale Kompetenz durch das Training (niedrigere Werte beim Post- im Vergleich zum Pretest). Aber auch hier wäre der Durchschnittseffekt wieder höher als in der Kontrollgruppe.

Insgesamt kann es also sein, dass sowohl in der Experimentalgruppe als auch in der Kontrollgruppe auf Einzelfallebene Verbesserungen, Verschlechterungen oder Nulleffekte bei den abhängigen Variablen auftreten. Diese verschiedenen Konstellationen im Einzelfall können sich dann aber so ausmitteln, dass die Experimentalgruppe als Aggregat im Durchschnitt immer noch signifikant mehr profitiert als die Kontrollgruppe. Ein signifikanter Durchschnittseffekt bedeutet also *nicht* unbedingt, dass *jede einzelne* Person in der EG sozial kompetenter geworden ist als *jede einzelne* Person in der KG. Es geht in experimentellen gruppenstatistischen Untersuchungen nicht um Unterschiede *zwischen einzelnen Personen* der Experimentalgruppe und der Kontrollgruppe.

Die Ergebnisse gruppenbezogener, nomothetisch orientierter Studien dürfen somit nicht ohne weitere Prüfung auf die einzelnen Probanden dieser Studien übertragen werden. Asendorpf (2000) warnt in diesem Zusammenhang vor der „*Mittelwertsfalle*". Damit ist die ungerechtfertigte und falsche „Idiographisierung" von nomothetischen Befunden gemeint: Effekte, die für die Stichprobe als Aggregat gefunden wurden, werden auf einzelne Mitglieder bezogen, ohne zu klären, ob die nomothetischen Befunde überhaupt für jeden Einzelfall der Stichprobe gelten. Dasselbe gilt auch für Korrelationen. Die ungerechtfertigte und falsche Idiographisierung von Befunden über Zusammenhänge auf Aggregatebene kann dementsprechend als „*Korrelationsfalle*" bezeichnet werden. Ein Beispiel: In mehreren Studien hat sich immer wieder herausgestellt, dass Intelligenz positiv mit Studienerfolg assoziiert ist. Dieser positive Zusammenhang bedeutet aber nicht unbedingt, dass bei jedem Probanden in einer Stichprobe hohe Intelligenz mit hohem Studienerfolg einhergeht. Es kann auch sein, dass bei einigen Probanden in der Stichprobe die hohe Intelligenz gar nicht oder sogar negativ mit dem Studienerfolg zusammenhängt. Diese möglichen Konstellationen sind in unserem Beispiel darauf zurückzuführen, dass der Zusammenhang zwischen Intelligenz und

Studienerfolg nicht perfekt ist. Zudem können natürlich auch noch andere Bedingungen und Merkmale den Studienerfolg beeinflussen, beispielsweise Motivation, Gewissenhaftigkeit, soziale Unterstützung, Zeitmanagement etc. In einem Übungsbuch von Hake (2001), dessen Titel der Überschrift dieses Abschnitts entspricht, finden Sie weitere Beispiele für die richtige und falsche Interpretation gruppenstatistischer Kennwerte, u. a. auch von Prozentangaben und statistischen Vorhersagen.

## 6.2 Indikationen für Einzelfallstudien

Wenn das Erleben und Verhalten (sowie damit verbundene Veränderungen) einzelner Personen interessieren, dann sollten auch einzelne Personen untersucht werden! Diese selbstverständlich und beinahe trivial anmutende Forderung lässt sich präzisieren, indem verschiedene Arten von Hypothesen betrachtet werden, die in empirischen Studien überprüft werden können. Westmeyer (1996) listet in Anlehnung an Bunge (1967) acht verschiedene Hypothesenarten auf. Nur bei einer der acht Hypothesenarten, den sogenannten *Aggregat-Hypothesen*, sind gruppenstatistische Untersuchungen indiziert. Aggregat-Hypothesen beinhalten Aussagen über Eigenschaften einer Population (Klasse, Kollektiv) als Ganzer, nicht aber über einzelne Personen dieser Population. Bei den Eigenschaften kann es sich z. B. um Mittelwerte und Korrelationen handeln. Aggregat-Hypothesen in diesem Sinne wären: „In der Population der Psychologie-Studierenden besteht ein positiver Zusammenhang zwischen Intelligenz und Studienerfolg". „Frauen sind im Mittel sozial intelligenter als Männer". Die anderen sieben Hypothesenarten beziehen sich dagegen auf Aussagen über einzelne Individuen und können bzw. müssen folglich auch mit Hilfe von Einzelfallstudien untersucht werden. So kennzeichnen *singuläre Hypothesen* Verhaltensweisen oder Aktivitäten einer Person, z. B. Student A investiert nach einem Kurs zu Lern- und Arbeitstechniken mehr Stunden pro Woche für studienbezogene Tätigkeiten als vor dem Kurs. Bei sogenannten *pseudosingulären oder idiographischen Hypothesen* werden Personen häufig Dispositionen zugeschrieben, die Generalisierungen über Zeit, Situationen und/oder andere Variablen implizieren. Mit der Hypothese „Studentin B hat eine überdurchschnittlich hohe Intelligenz" ist die für Persönlichkeitsdispositionen typische Annahme verbunden, dass die Intelligenz nicht nur zu einem Zeitpunkt und in einer bestimmten Situation überdurchschnittlich hoch ist, sondern über verschiedene Zeitpunkte und Situationen hinweg. *Unbestimmte Existenzhypothesen* beinhalten Aussagen zu Sachverhalten oder

Ereignissen, wobei einige oder sogar alle wichtigen Variablen unspezifiziert bleiben. Beispielsweise werden in der Aussage „Es gibt Studierende, die nach dem Kurs zu Lern- und Arbeitstechniken weniger Zeit für studienbezogene Aktivitäten investieren als vorher" nicht spezifiziert, bei welchen Personen mit welchen Merkmalen dies der Fall ist. Angesichts der vielen verschiedenen Hypothesenarten, für die Einzelfallstudien indiziert sind, lässt sich mit Reinecker (1999) „tendenziös" argumentieren, dass eigentlich nicht begründet werden muss, warum Einzelfallstudien, sondern warum Gruppenstudien durchgeführt werden. Letztendlich sollte aber immer das Erkenntnisinteresse und die damit verbundene Hypothese die Auswahl von Einzelfall- oder Gruppenstudien leiten.

Im nomothetisch orientierten Mainstream der Forschung werden Einzelfallstudien häufig gar nicht eingesetzt, um idiografische Hypothesen zu überprüfen, sondern unter folgenden Bedingungen bzw. mit folgenden Zielsetzungen (vgl. Lamnek, 2010; Reinecker, 1999):

*Einzelfallstudien bei seltenen Phänomenen:* Einzelfallstudien werden genutzt, wenn Untersuchungen mit größeren Stichproben nur schwer oder gar nicht möglich sind. Beispielsweise gibt es bestimmte klinisch-psychologische Störungsbilder, die nur sehr selten vorkommen, sodass es schwierig ist, eine ausreichend große Stichprobe zu ziehen. Bei der Untersuchung solcher seltenen Störungsbilder bleibt dann eigentlich gar nichts anderes übrig, als an Einzelfällen anzusetzen.

*Einzelfallstudien als Vorstudien:* Einzelfallstudien können als Vorstudien zur Hypothesengenerierung oder zur Exploration eines neuen Untersuchungsfeldes dienen. Wenn ein Phänomen untersucht werden soll, zu dem es noch wenig oder gar keine Forschung gibt, dann können intensive Analysen von Einzelfällen helfen, Hypothesen zu generieren oder zentrale Variablen zu identifizieren. In nachfolgenden Studien mit größeren Stichproben werden die generierten Hypothesen bzw. die Effekte der identifizierten Variablen dann unter nomothetischer Perspektive geprüft.

*Einzelfallstudien als Operationalisierungshilfe:* Ebenfalls in Vorstudien können Einzelfälle herangezogen werden, um eine experimentelle Prozedur oder einen Fragebogen zu erproben. So können im Fall einer geplanten Fragebogenstudie im Vorfeld einzelne Personen gebeten werden, den Fragebogen auszufüllen; nach dem Ausfüllen kann dann geklärt werden, ob alle Instruktionen und Items verständlich waren oder ob das Ausfüllen insgesamt zu lange dauert.

*Einzelfälle zur Illustration:* Schließlich können Einzelfälle bei der schriftlichen Darstellung einer Untersuchung zur Illustration oder Verdeutlichung von Befunden auf Aggregatebene dienen. Um Durchschnittsergebnisse zu ver-

anschaulichen, kann beispielweise ein besonders markantes Zitat oder Verhalten eines Probanden angegeben werden.
All diesen Anwendungen von Einzelfallstudien ist der Pretest-Charakter gemeinsam, d.h. sie dienen in der Regel nur als Vorlauf, Beiwerk oder Ergänzung für die eigentliche, nomothetisch orientierte Hauptuntersuchung. Einzelfallstudien bzw. idiografisch orientierte Untersuchungen können aber viel mehr. Nach den obigen Ausführungen sollte deutlich geworden sein, dass Einzelfall- und Gruppenuntersuchungen gar nicht direkt miteinander konkurrieren, sondern schlicht für unterschiedliche Hypothesenarten indiziert sind.

### 6.3 Quantitative und qualitative Einzelfallstudien

*Psychometrische Einzelfalldiagnostik:* Psychologinnen und Psychologen haben in Ihrem späteren Berufsleben sowohl mit Gruppen als auch mit einzelnen Personen zu tun und müssen u. a. bei diagnostischen Tätigkeiten einzelfallbezogene Hypothesen untersuchen. Die idiografische Hypothese „Studentin B hat eine überdurchschnittlich hohe Intelligenz" lässt sich im Rahmen der psychometrischen Einzelfalldiagnostik prüfen (Bühner, 2006; Huber, 1973, Lienert & Raatz, 1998). Dabei wird Studentin B zunächst einen Intelligenztest absolvieren. Die Ergebnisse der einzelnen Aufgaben dieses Tests lassen sich zu einem Gesamt-IQ zusammenfassen, der Studentin B kennzeichnet. Um nun feststellen zu können, ob ihre Intelligenz überdurchschnittlich hoch ausgeprägt ist, muss ein Bezugssystem zugrunde gelegt werden, vor dessen Hintergrund ein individueller Testwert eingeordnet bzw. relativiert werden kann. Ein solches Bezugssystem lässt sich mit Hilfe einer sogenannten Norm- oder Eichstichprobe erstellen, die eine möglichst große und repräsentative Anzahl von Personen umfassen sollte, die denselben IQ-Test bearbeitet haben. Ein individueller Testwert kann dann mit den durchschnittlichen Testwerten der Normstichprobe verglichen bzw. diesbezüglich relativiert werden. Sorgfältig konstruierte Tests stellen zumeist durchschnittliche Normwerte für verschiedene Altersgruppen und für beide Geschlechter zur Verfügung. Der individuelle IQ der Studentin B könnte dementsprechend auch mit dem geschlechtsspezifischen Normwert ihrer Altersgruppe verglichen werden, um die vermutete Überdurchschnittlichkeit beurteilen zu können. Als durchschnittlich gelten IQ-Werte zwischen 85 und 115. Der „Vergleich" des individuellen IQ-Werts mit dem Durchschnittsbereich der alters- und geschlechtsspezifischen Normstichprobe kann nun allerdings nicht einfach per Augenschein erfolgen nach dem Motto „Studentin B hat einen IQ von 116 erreicht, also ist ihre Intelligenz überdurchschnittlich". Der Grund dafür ist, dass kein IQ-Test absolut zuverlässig bzw. reliabel misst. Deshalb sind individuelle Testwerte immer mit einem Messfehler behaftet. Mit Hilfe von statistischen Prozeduren lassen sich aber die Grenzen eines sogenannten Vertrauensbereichs (eines Konfidenzintervalls) ermitteln, die den wahren Wert der Probandin B mit einer bestimmten Wahrscheinlichkeit enthalten.

Die psychometrische Einzelfalldiagnostik erlaubt nicht nur den soeben skizzierten Vergleich eines individuellen Testwerts mit einem Normwert. Es lassen sich u. a. auch intra- und interindividuelle Vergleiche statistisch absichern. Bei einem *intra*individuellen Vergleich werden zwei Messwerte einer Person, die zu unterschiedlichen Zeitpunkten, z. B. vor und nach einer Therapie, ermittelt wurden, verrechnet (mögliche Hypothese: „Die Depressivität des Klienten C hat nach einer Therapie abgenommen"). Im *inter*individuellen Fall werden zwei Messwerte von verschiedenen Personen verglichen (mögliche Hypothese: „Studentin B ist intelligenter als Studentin C"). Es lassen sich zudem auch Vergleiche zwischen Testprofilen, die z. B. aus den Subtestwerten eines Intelligenz- oder Persönlichkeitstests bestehen, durchführen. Eine ausführliche Darstellung der Möglichkeiten der psychometrischen Einzelfalldiagnostik und des damit verbundenen statistischen Vorgehens liefert das Buch von Lienert und Raatz (1998, insbesondere Kapitel 15).

*Quasi-experimentelle Einzelfall-Designs:* In der psychometrischen Einzelfalldiagnostik geht es in erster Linie um Vergleiche von Messwerten, die latente Variablen bzw. hypothetische Konstrukte indizieren. Intelligenz ist solch ein hypothetisches Konstrukt. Intelligenz ist nicht direkt beobachtbar, sondern wird z. B. aus den richtig gelösten Aufgaben in einem Test erschlossen. In der Psychologie interessieren aber nicht nur solche hypothetischen Konstrukte, sondern auch das direkt beobachtbare Verhalten. Insbesondere aus dem behavioristischen Paradigma sind Interventionsansätze hervorgegangen, bei denen die Veränderung konkreter Verhaltensweisen im Mittelpunkt steht. Um solche interventionsbedingten Verhaltensänderungen im Einzelfall erfassen zu können, wurden eine Reihe von quasi-experimentellen Versuchsplänen entwickelt (Barlow, Nock & Hersen, 2008, Kern, 1997). Gemeinsames Merkmal dieser „Einzelfallexperimente" ist die *wiederholte* Erhebung eines Verhaltens in Phasen ohne Intervention (A-Phasen) und in Phasen mit Intervention (B-Phasen), so dass eine längere Reihe von Messzeitpunkten resultiert. In den A-Phasen wird die Grundrate (baseline) eines Verhaltens ermittelt; diese Grundrate wird anschließend mit der Verhaltensrate in den B-Phasen verglichen. Wenn sich die Verhaltensrate innerhalb der B-Phasen markant in erwünschter Richtung verändert, kann dies als ein Hinweis für die Wirksamkeit der Intervention interpretiert und auch statistisch abgesichert werden.

Der einfachste quasi-experimentelle Versuchsplan im Einzelfall ist das *AB-Design*, in dem im Anschluss an die Erfassung der Grundrate eines Verhaltens lediglich während einer einzigen Interventionsphase intendierte Verhaltensänderungen gemessen werden. Die interne Validität eines simplen AB-Plans ist gering, da Veränderungen innerhalb der B-Phase mit Zeiteffekten (z. B. Reifungsprozessen) bzw. nicht kontrollierten weiteren Variablen konfundiert sein können.

Der Effekt einer Intervention im Einzelfall kann überzeugender mit Hilfe eines *ABAB-Designs* untersucht werden. Dieser Versuchsplan wird auch als Replikationdesign bezeichnet, weil durch den Wechsel von A- und B-Phasen ein intendierter Interventionseffekt im Einzelfall repliziert werden soll. In gewisser Weise fungiert die Person im Verlauf der jeweils zweiten A- und B-Phase als ihre eigene Kontrollbedingung. Vorausgesetzt werden muss allerdings, dass sich ein Interventionseffekt absetzen bzw. umkehren lässt. ABAB-Designs wurden häufig eingesetzt, um die Effektivität von operanten Verfahren zu evaluieren, bei denen Verstärker oder aversive Reize dargeboten bzw. entzogen werden. Ein Beispiel dafür ist eine Studie von Rasmussen und O'Neill (2006, im Internet verfügbar), in der die Häufigkeit von verbalen Störungen im Unterricht (laut singen, schwätzen, sprechen ohne vorher aufgerufen zu werden) bei drei Kindern im Alter von 12, 12 und 8 Jahren durch einen Verstärkungsplan reduziert werden sollte. In der Tat zeigte jedes der drei Kinder während der beiden Interventionsphasen (B-Phasen) deutlich weniger verbale Störungen als während der beiden Baseline-Phasen (A-Phasen). In den Interventionsphasen ignorierte der Lehrer die genannten verbalen Störungen und lobte jedes Kind, wenn es sich meldete und erwünschtes Verhalten zeigte. Die über fünf Tage und in mehreren Phasen erfassten Veränderungen der verbalen Störungen wurden in der Studie allerdings nicht statistisch ausgewertet, sondern lediglich vor dem Hintergrund einer grafischen Darstellung interpretiert.

Neben den beiden genannten Designs stehen noch etliche andere Versuchspläne für interventionsbedingte Veränderungen bei Einzelfällen zur Verfügung, die ausführlich in dem klassischen und mittlerweile in der dritten Auflage erschienenen Buch von Barlow und Kollegen (2008) beschrieben werden. Im deutschen Sprachraum hat Kern (1997) eine ebenfalls ausführliche Darstellung von Versuchsplänen im Einzelfall mit vielen Beispielen aus der Pädagogik und klinischen Psychologie vorgelegt.

Es sei noch darauf hingewiesen, dass in quasi-experimentellen Einzelfall-Designs auch hypothetische Konstrukte als abhängige Variable untersucht werden können und nicht nur beobachtbares Verhalten. So wurde in einer Studie von Strauß (1996) die psychische Befindlichkeit von Frauen mit Hilfe eines strukturierten Tagebuchs über einen Zeitraum von durchschnittlich 88 Tagen erhoben. Ziel der Studie war die einzelfallanalytische Ermittlung möglicher Befindlichkeitsveränderungen vor und während der drei innerhalb des Beobachtungszeitraums aufgetretenen Menstruationszyklen. Zudem entspricht in dieser Studie die „Intervention" (B-Phase) nicht einem willkürlich variierten Treatment, sondern einer natürlich auftretenden körperlichen Veränderung.

*Qualitative Einzelfallstudien:* Die bisher vorgestellte psychometrische Einzelfalldiagnostik und die quasi-experimentellen Versuchspläne für Einzelfälle setzen Messungen von hypothetischen Konstrukten oder beobachtbarem Verhalten voraus und sind mit quantitativen Analyseverfahren verbunden. Im sogenannten qualitativen Paradigma (vgl. Exkurs) werden Einzelfallstudien dagegen häufig „ganz ohne Zahlen", d. h. ohne Messungen und quantitative Analysen durchgeführt. Stattdessen steht die möglichst detaillierte und umfassende verbale Beschreibung und Interpretation eines Einzelfalls in seiner gesamten Komplexität und Prozesshaftigkeit im Mittelpunkt (in-depth investigation). Die eingangs erwähnten Fallstudien von Sigmund Freud können als Beispiele für solche qualitativen Einzelfallstudien angeführt werden.

In qualitativen Einzelfallstudien werden in der Regel viele verschiedene und manchmal auch quantitativ orientierte Datenerhebungsmethoden eingesetzt. Infrage kommen insbesondere Interviews, direkte oder teilnehmende Beobachtung sowie die Berücksichtigung von Archivmaterial und sogenannten Artefakten (z. B. Bilder, die eine Person gezeichnet hat). Im Idealfall ergänzen und stützen sich die unterschiedlichen Informationen aus diesen Quellen (sogenanntes *Triangulationsprinzip*, vgl. Exkurs) und lassen sich zu einer kohärenten Gesamtinterpretation integrieren.

Die Durchführung, Auswertung und Interpretation qualitativer Einzelfallstudien ist weniger stark festgelegt und formalisiert als bei quantitativen Einzelfallstudien. Der damit verbundene Vorteil der Flexibilität und Offenheit birgt allerdings die Gefahr von mehr oder weniger starken subjektiven Anteilen, die allerdings durch entsprechende Methoden kontrolliert werden können.

In Abhängigkeit von den Zielsetzungen unterscheidet Willig (2001) drei verschiedene *Typen von Designs für qualitative Einzelfallstudien*, die allerdings nicht trennscharf sind:

(1) Qualitative Einzelfallstudien können sich auf die reine Deskription und Exploration ihres Gegenstands beziehen, aber auch explanatorischen Zielsetzungen dienen (descriptive vs. explanatory case studies).

(2) Eine Einzelfallstudie kann einen einzigen Fall betreffen oder viele Einzelfälle, die miteinander verglichen werden (single- vs. multiple case studies, vgl. hierzu auch Yin, 2009).

(3) Zudem lassen sich „intrinsische" Fallstudien (intrinsic case studies) von „instrumentellen" Fallstudien (instrumental case studies) abgrenzen (Stake, 1994). Bei intrinsischen Studien interessiert ein bestimmter Einzelfall „an sich", während instrumentelle Fallstudien darauf abzielen zu untersuchen, wie sich ein generelles Phänomen (z. B. Stress, Arbeitslosigkeit) im Einzelfall manifestiert.

Freuds berühmte und zugleich vielfach kritisierte Fallstudie „Der kleine Hans", in der die Behandlung eines 5-jährigen Jungen mit einer Pferdephobie beschrieben wird, hat insofern instrumentellen Charakter, als damit die umstrittenen psychoanalytischen Vorstellungen vom Ödipus- und Kastrationskomplex veranschaulicht werden.

Eher intrinsisch und zugleich explanatorisch ist dagegen eine qualitative Einzelfallstudie von Runyan (1981), in der versucht wird zu erklären, *warum sich Vincent van Gogh sein Ohr abgeschnitten hat*. Zu dieser Frage listet Runyan (1981) 13 unterschiedliche Erklärungsansätze auf (z. B. Stimmengewirr im Ohr, Kränkung und Liebesverlust), deren Plausibilität in einem sogenannten quasi-juristischen Verfahren geprüft wird. Dabei werden wie in einer Gerichtsverhandlung „Beweise" für die unterschiedlichen Erklärungen gesammelt, kritisch bewertet und miteinander verglichen. Die Einzelfallstudie von Runyan wird bei Laux (2008, S. 139 ff) ausführlich beschrieben und interpretiert. Als plausibelste Erklärung für das Abschneiden des eigenen Ohres gilt demnach der Verlust von Zuwendung. Hypothetisch lässt sich diese Erklärung als eine intraindividuelle Regelmäßigkeit formulieren: „Immer *wenn* van Gogh sich stark gekränkt fühlt oder *wenn* er glaubt, dass ihm Liebe entzogen wird, *dann* reagiert er mit dramatisch überspitztem selbstschädigenden Verhalten, das die Aufmerksamkeit der Bezugspersonen wieder auf ihn lenken soll" (Laux, 2008, S. 145, Hervorhebungen im Original). Diese Wenn-Dann-Hypothese kann im Rahmen einer sogenannten *Retrognose* (Vorhersage eines Verhaltens, das in der Vergangenheit bereits stattgefunden hat) weiter abgesichert werden. So würde man in der Biografie von van Gogh nach weiteren Episoden suchen, in denen er durch Entzug von Liebe oder Zuwendung gekränkt wurde und ähnliches selbstschädigendes Verhalten vorhersagen. In der Tat identifiziert Runyan (1981) eine weitere Episode, die die hypothetische intraindividuelle Regelmäßigkeit stützt: Als ihm von den Eltern einer geliebten Frau ein persönliches Treffen verwehrt wurde, habe van Gogh seine Hand in eine brennende Öllampe gehalten und gesagt: „Lasst sie mich solange sehen, wie ich meine Hand in diese Flamme halten kann" (Runyan, 1981, S. 1074, zitiert nach Laux, 2008).

*Replikationen und Aggregation (Agglutination) von Ergebnissen aus Einzelfallstudien:* Eine Generalisierung der Ergebnisse einer Einzelfallstudie auf andere Fälle ist nicht möglich (Westmeyer, 1996). In bestimmten Einzelfallstudien – wie in der eben skizzierten Untersuchung zum selbstschädigenden Verhalten von van Gogh – ist Generalisierung allerdings gar nicht intendiert. Eine im Einzelfall bestätigte Hypothese, z. B. „Nach der Absolvierung des Kurses ‚Studientechniken' haben sich die Noten und die Studienzufriedenheit bei Student K bedeutsam verbessert" kann nicht generalisiert werden zu „Der Kurs ‚Studientechniken' verbessert die Noten und die Studienzufriedenheit von Studierenden". Die gefundenen Verbesserungen im Einzelfall lassen sich nicht als Beleg für die Effektivität des Kurses interpretieren, u. a. weil viele andere Faktoren für diese intendierten Veränderungen infrage kommen, die in einer Einzelfallstudie allerdings besser erfasst und u. U. auch kontrolliert werden können als bei einer Studie mit sehr vielen Probanden. Der skizzierte Effekt des Kurses wird aber dann umso plausibler, je öfter *Replikationen* mit anderen Einzelfällen gelingen, bei denen Personvariablen und andere Bedingungen systematisch variiert wurden. Derartige erfolgreiche Replikationen können dann letztendlich zu Aggregathypothesen und gruppenstatistischen Untersuchungen führen.

Von der Generalisierung zu unterscheiden ist die *Aggregation bzw. Agglutination* bereits vorliegender Ergebnisse aus Einzelfallstudien. So könnte sich herausstellen, dass der Kurs „Studientechniken" bei einigen Studierenden die Noten *und* die Studienzufriedenheit verbessert, bei einigen Studierenden nur die Noten, nicht aber die Studienzufriedenheit und bei wieder anderen die Studienzufriedenheit, nicht aber die Noten. Derartige Ergebnisprofile lassen sich mit geeigneten Methoden zu Clustern oder Typen zusammenfassen und weiterführend analysieren. In der oben zitierten Studie von Bernhard Strauß (1996) zu Veränderungen der psychischen Befindlichkeit von Frauen im Verlaufe von Menstruationszyklen wurden fünf Typen mit Hilfe einer *Clusteranalyse* identifiziert. Mit Hilfe von Clusteranalysen werden Personen (oder Objekte) aufgrund der Ausprägungen bestimmter Klassifikationsmerkmale zu Gruppen zusammengefasst und zwar so, dass sich die Merkmalsprofile der Personen innerhalb einer Gruppe möglichst wenig, zwischen den Gruppen aber möglichst maximal unterscheiden (vgl. Bacher, Pöge & Wenzig, 2010;

Renner, 2006). Zur Klassifikation dienten drei Variablen: die psychische Befindlichkeit, körperliche Beschwerden und gynäkologische Beschwerden jeweils mit den Ausprägungen 0 = keine Veränderung, 1 = positive Veränderung und −1 = negative Veränderung. Es resultierte u. a. eine Subgruppe von Frauen, die insbesondere durch eine prämenstruelle Zunahme gynäkologischer Beschwerden gekennzeichnet war, und eine andere Subgruppe, in der keine perimenstruellen Veränderungen auftraten. Weitere Analysen, in denen vor der Studie erfasste Persönlichkeitsmerkmale berücksichtigt wurden, ergaben, dass sich die Frauen in den fünf Subgruppen im Hinblick auf Stressbewältigungsstrategien und Kontrollüberzeugungen unterscheiden. Die Studie von Strauß ist ein Beispiel für eine quantitative Aggregation von Einzelfällen zu Clustern; ein eher qualitatives Vorgehen bei der Aggregation von Einzelfällen zu Typen haben Kelle und Kluge (1999) entwickelt.

**Exkurs: Qualitatives Paradigma, Quantitatives Paradigma und Mixed Methods**

Das qualitative Vorgehen gilt als eigenständiges Paradigma und wird in eine mitunter übertriebene und unproduktive Opposition zum sogenannten quantitativen Paradigma gestellt. Qualitative Forschung ist die Bezeichnung für eine breite und nicht leicht zu überschauende Gruppe von Methoden, die in unterschiedlichen sozial-, kultur- und auch wirtschaftswissenschaftlichen Fächern eingesetzt werden. Auch in der Psychologie kommen qualitative Methoden zum Einsatz (vgl. Mey & Mruck, 2010), wobei der sogenannte Mainstream eher an quantitativen Methoden orientiert ist. Trotz der hohen Diversität lassen sich nach Flick, von Kardorff und Steinke (2000) vier übergreifende Grundannahmen qualitativer Forschung identifizieren:

1. Die soziale Wirklichkeit wird in Interaktionsprozessen der beteiligten Akteure gemeinsam hergestellt und konstruiert. Aus diesem Postulat folgt, dass alltägliche Herstellungsprozesse untersucht werden müssen, indem die subjektiven Sichtweisen und Deutungsmuster der sozialen Akteure rekonstruiert werden.
2. Aus dem ersten Postulat lässt sich ebenfalls ableiten, dass der Prozesscharakter und die Reflexivität sozialer Wirklichkeiten interessieren und mit entsprechenden Methoden untersucht werden müssen (z. B. Analyse von Kommunikations- und Interaktionssequenzen).

3. Objektive Lebensbedingungen (z.B. Einkommen, Beruf, Alter, Bildungsgrad, Wohnsituation) werden durch ihre subjektive Bedeutung für soziale Akteure relevant. Deshalb gilt es, den subjektiven Sinn mit hermeneutischen Methoden zu interpretieren.
4. Kommunikation spielt in der qualitativen Forschung eine sehr wichtige Rolle und wird auch methodisch durch dialogische Verfahren der Datenerhebung, insbesondere das Interview, umgesetzt.

Mit diesen Grundannahmen verbunden sind mehrere Kennzeichen qualitativer Forschung, z.B. die Orientierung am Alltagsgeschehen und/oder Alltagswissen, Verstehen als Erkenntnisprinzip, Kontextualität als Leitgedanke sowie die Reflexivität des Forschers.

In den letzten Jahren hat sich zunehmend eine Perspektive durchgesetzt, in der quantitative und qualitative Methoden der Untersuchungsplanung, Datenerhebung und -analyse in ein und derselben Studie oder in aufeinander aufbauenden Studien integriert werden (z.B. Johnson, Onwuegbuzie & Turner, 2007). Diese Perspektive wird als *Mixed Method Research* bezeichnet. Beiträge zu diesem Ansatz werden seit 2007 im *Journal of Mixed Methods Research* publiziert; ein einflussreiches englisches Lehrbuch stammt von Creswell und Plano-Clark (2007). Im deutschsprachigen Raum hat Udo Kelle (2008) eine Monographie zur Integration von qualitativen und quantitativen Methoden vorgelegt. Zudem haben Hussy, Schreier und Echterhoff (2009) ein deutsches Lehrbuch publiziert, das neben Sektionen zu quantitativen und qualitativen Methoden auch einen eigenen Abschnitt zu Mixed Methods mit Forschungsbeispielen beinhaltet.

Nach dem Anteil der quantitativen und qualitativen Methoden in einem Projekt lassen sich drei Typen von Mixed Methods-Ansätzen unterscheiden (Johnson et al., 2007): (1) Forschungsprojekte, in denen quantitativen und qualitativen Methoden derselbe Status bzw. Anteil zukommt, (2) Projekte, in denen qualitative Methoden dominieren (sogenannte QUAL+quan research, Johnson et al., 2007, S. 124) und (3) Forschungen, in denen quantitative Methoden dominieren (sogenannte QUANT+qual research, Johnson et al., 2007, S. 124).

Die Idee, Daten aus unterschiedlichen Quellen bei der Beantwortung einer Fragestellung zu kombinieren, ist eigentlich nicht neu. In einem klassischen Artikel von Campbell und Fiske (1959) zur *Multitrait-Multimethod-Matrix* wurde das Prinzip der *Triangulation* vorgeschlagen, das in der Folge im qualitativen Paradigma besondere Aufmerksamkeit und Bedeutung erlangte. Dem Prinzip der Triangulation liegt die Überlegung zugrunde, dass ein hypothetisches Konstrukt, z.B. ein Persönlichkeitsmerkmal, valider mit zwei oder mehreren

Datenerhebungsmethoden erfasst werden kann, als mit einer, wenn die Ergebnisse aus verschiedenen Datenquellen konvergieren (korrelieren). Denzin (1970) hat das Triangulationsprinzip erweitert, u.a. auf die Untersuchung eines Phänomens durch mehrere Forscher (Investigatortriangulation), und die Berücksichtigung mehrerer Theorien (Theorientriangulation). Zudem hat Denzin (1970) darauf aufmerksam gemacht, dass Triangulation *innerhalb* des quantitativen *oder* qualitativen Paradigmas vollzogen werden (within method triangulation) oder aber Methoden aus *beiden* Paradigmen kombinieren kann (between- oder across-method triangulation). Mixed Methods-Ansätze betreffen eindeutig den zweiten Triangulationstypus.

---

📖 Literaturempfehlungen

Barlow, D. H., Nock, M & Hersen, M. (2008). *Single Case Experimantal Designs. Strategies for Studying Behavior Change* (Pergamon General Psychology Series, 2nd ed.). New York: Pergamon Press.

Kelle, U. (2008). *Die Integration qualitativer und quantitativer Methoden in der empirischen Sozialforschung: Theoretische Grundlagen und methodologische Konzepte.* Wiesbaden: VS-Verlag.

Kelle, U. & Kluge, S. (1999). *Vom Einzelfall zum Typus: Fallvergleich und Fallkontrastierung in der qualitativen Sozialforschung.* Opladen: Leske & Budrich.

Kern, H. J. (1997). *Einzelfallforschung. Eine Einführung für Studierende und Praktiker.* München: Beltz PVU.

Strauß, B. (1996). Quantitative Einzelfallanalysen – Grundlagen und Möglichkeiten. In E. Brähler & C. Adler (Hrsg.), *Quantitative Einzelfallanalysen und qualitative Verfahren* (S. 15–45). Gießen: Psychosozial-Verlag.

# 7 Publizieren und Präsentieren

Mit den vorherigen Kapiteln dieses Buches scheint der Forschungsprozess umfassend dargestellt worden zu sein. Aber das erlangte Wissen bleibt zunächst isoliert und nur der einzelnen Forschergruppe zugänglich, die eine Untersuchung durchgeführt hat. Um sich aber an einen Forschungs*prozess* verschiedener Forscher zu beteiligen, muss das erworbene Wissen auch weitergegeben, also publiziert bzw. in Vorträgen oder mit Postern präsentiert werden. Daher gehört auch dies zu den Kernaufgaben bzw. Kernkompetenzen eines wissenschaftlich arbeitenden Psychologen (oder auch Psychologie-Studierenden). Dabei existieren verschiedene Möglichkeiten: Das Verfassen und Veröffentlichen in Form von Texten wie auch Präsentationen als Vorträge oder mit Postern.

## 7.1 Publikationen

Man kann verschiedene Formen der Publikation von wissenschaftlichem Wissen in Schriftform unterscheiden: Monographien, Herausgeberwerke, Lexika und Lehrbücher sind oftmals die erste Form von Fachliteratur für jemanden, der sich einem Thema in der Psychologie widmen möchte. Monographien bieten Arbeiten über einen einzelnen Themenbereich, der von einem Experten, manchmal auch einer Expertengruppe dargestellt wird. Ein klassisches Beispiel einer Monographie ist das Buch *Abriß der Psychoanalyse* von Sigmund Freud (1938) oder aber auch *Erlernte Hilflosigkeit* von Martin Seligman (2000). In Herausgeberwerken werden Beiträge verschiedener Autoren zusammengestellt, die sich einem bestimmten Themenkreis zuordnen lassen. Ein besonderes Herausgeberwerk ist die *Enzyklopädie der Psychologie,* die sich als umfassendes Nachschlagewerk in rund 100 Bänden versteht. Andere Herausgeberwerke – weniger umfangreich und kostspielig – widmen sich auch spezifischeren Themen (z. B. *Internet und Persönlichkeit* von Renner, Schütz &

Machilek, 2005). Lexika bieten einen kurzgefassten Überblick und Begriffsbestimmungen. Ein sehr gängiges Fachlexikon ist beispielsweise *Dorsch Psychologisches Lexikon* (Häcker & Stapf, 2009), das auch kurz „*Der Dorsch*" genannt wird. Neben den gedruckten Versionen von (Fach-)Lexika existieren auch Online-Varianten, die beispielsweise über Bibliotheken zugänglich sind. Auch Lehrbücher lassen sich als Monographien oder Herausgeberwerke klassifizieren, die sich primär an Studierende richten und deshalb dementsprechend didaktisch aufbereitet sind.

Fachzeitschriften und darin enthaltene Beiträge bilden eine andere Gruppe von Publikationen. Sie spielen in der Scientific Community die bedeutendste Rolle. Wissenschaftliche Arbeiten – in der Psychologie meist empirische Arbeiten – werden bei einer Zeitschrift als Manuskripte zur Publikation eingereicht. Bei den meisten und insbesondere bei den wichtigen Zeitschriften entscheidet der Herausgeber über eine Veröffentlichung. Das Manuskript wird dabei in einem *Peer-review-Verfahren* geprüft, das einen gewissen Mindeststandard an Qualität gewährleisten soll (Rost, 2007): Die Manuskripte werden vom Herausgeber Gutachtern vorgelegt, die sich als Experten auf dem entsprechenden Gebiet erwiesen haben. Die anonyme Begutachtung unterliegt Kriterien wie z.B. der Bedeutsamkeit der Fragestellung, der Originalität und Gültigkeit des Lösungsansatzes, der Plausibilität der Resultate sowie der Bewertung von ggf. enthaltenen methodischen Fehlern. In den Gutachten werden die Stärken und Schwächen des Manuskripts angesprochen und es werden Empfehlungen zur Überarbeitung gegeben. Bei gravierenden Mängeln wird von einer Publikation abgeraten.

Bei empirischen Zeitschriftenartikeln ist in der Regel eine immer wiederkehrende Struktur zu finden. Nach dem Titel und der Nennung der Autoren folgt die *Zusammenfassung* bzw. bei englischen Publikationen das *Abstract*, das einen knappen Überblick der gesamten Arbeit in 120 bis 250 Wörtern (je nach Zeitschrift) gibt. Daran schließt sich die *Einleitung* an. Sie soll verdeutlichen, warum das Thema relevant ist und die Neugier der Leserinnen und Leser wecken (vgl. Sternberg, 1993). In der Regel werden in der Einleitung der theoretische Bezugsrahmen und relevante empirische Studien dargestellt sowie die abgeleiteten Hypothesen expliziert. Eine exakte Darstellung der Methoden im *Methodenteil* ist Voraussetzung für die Nachvollziehbarkeit der Untersuchung. Dazu gehören auch die Darstellung der Forschungsstrategie bzw. das Untersuchungsdesign sowie die Wahl der Stichprobe und die Rekrutierung der Untersuchungsteilnehmer. Zudem werden zentrale Merkmale der Stichprobe referiert (z.B. Geschlechterverteilung der Versuchspersonen oder das durchschnittliche Alter). Die Untersuchungsdurchführung, die verwendeten Messinstrumente und gegebenenfalls spezielle Aspekte der Datenanalyse werden erläutert. Die genannten Aspekte müssen so weit erklärt werden, dass der fachlich geschulte Leser die Untersuchung nachvollziehen kann.

Im *Ergebnisteil* werden die Resultate der statistischen Analysen berichtet. Oft wird mit Tabellen gearbeitet, die dem besseren Verständnis dienen sollen. Neben den eigentlichen numerischen Ergebnissen werden weitere Angaben zur Berechnung geliefert, z. B. die Anzahl der zugrunde liegenden Versuchspersonen und ggf. weitere Daten (vgl. DGPs, 2007). Der Ergebnisteil ist aber mehr als ein exklusiver Bereich für Zahlen (Silvia, 2007; Sternberg, 1993). Neben den numerischen Ergebnissen wird dem Leser auch vermittelt, was die Zahlen bedeuten. Es wird verbal zum Ausdruck gebracht, ob die Ergebnisse eine Hypothese stützen oder nicht. Eine weitergehende Interpretation in Form von Schlussfolgerungen oder gar die Auseinandersetzung mit den Resultaten wird im Ergebnisteil nicht vorgenommen, denn das ist Bestandteil der Diskussion. Es geht im Ergebnisteil lediglich um die neutrale Präsentation der Resultate.

Die *Diskussion* bildet den letzten inhaltlichen Abschnitt. Hier geht es um die kritische Auseinandersetzung mit der Arbeit. Methodische Schwächen und Stärken der Untersuchung und die damit verbundenen Implikationen für die Validität werden erörtert. Ausgehend von der Fragestellung, den Hypothesen und unter Einbezug des theoretischen Hintergrundes sowie bisheriger empirischer Befunde wird bewertet, inwieweit die dargestellte Studie zu einer Erweiterung des bisherigen Wissens beigetragen hat. Meist werden einige Forschungsfragen beantwortet, aber auch weitere Fragen aufgeworfen, aus denen sich Perspektiven für weitere Untersuchungen ableiten lassen.

Abschließendes und unverzichtbares Element einer wissenschaftlichen Arbeit ist das *Literaturverzeichnis*. In einigen Fällen wird dem Artikel ein *Anhang* beigefügt, der die Materialien umfasst, die zu detailliert oder zu umfangreich sind, um sie direkt im Text platzieren zu können. Beispielsweise sind bei Neu- oder Weiterentwicklung von Fragebögen oft die einzelnen Items im Anhang abgedruckt.

## 7.1.1 Der Impact Factor

Bei der Wahl der Zeitschrift, in der eine Arbeit publiziert werden soll, sind verschiedene Aspekte zu beachten:

a) Der zu publizierende Artikel muss thematisch zur Zeitschrift passen.
b) Internationalität sollte gewährleistet sein. Ein englischer Artikel hat die Chance, von einem deutlich größeren, internationalem Fachpublikum gelesen zu werden.
c) Das Ansehen der Zeitschrift sollte möglichst hoch sein.

Ein Indikator für die Bewertung der Qualität einer Zeitschrift ist der sogenannte *Impact Factor*. Dieser wird von Thompson Reuters berechnet, indem der Quotient aus der Anzahl von Zitationen dividiert durch die Anzahl zitierfähiger Artikel einer Zeitschrift gebildet wird. Dabei werden i.d.R. die letzten beiden Jahre in die Berechnung aufgenommen. Der Impact Factor wird jährlich im *Journal Citations Report* veröffentlicht und ist auch ein Maß für die Bewertung von Forscherinnen und Forschern, denn das wissenschaftliche Renommee hängt nicht nur von der Anzahl der Publikationen, sondern auch vom Impact der Publikationen ab. Die Verwendung des Impact Faktors wurde von verschiedenen Seiten teilweise scharf kritisiert bzw. relativiert (z.B. Egloff, 2007) und es wurden verschiedene andere Kennzahlen vorgeschlagen (z.B. eigenFACTOR oder PageRank). Um die Leistung von Forschern und Wissenschaftlern nicht indirekt über den Impact Factor von Zeitschriften zu bestimmen, wurde von Hirsch (2005) ein Maß vorgeschlagen, das sich explizit auf die Person bezieht: der $h$-Index, der sowohl die Quantität (Anzahl) als auch die Qualität (Zitationen) von Publikationen eines Forschers berücksichtigt.

### 7.1.2 Qualifikationsarbeiten

Qualifikationsarbeiten wie z.B. Bachelor-, Master-, manchmal noch Diplomarbeiten stellen ebenfalls Produkte wissenschaftlichen Schreibens dar. Sie sind neben Hausarbeiten, Praktikumsberichten oder Ähnlichem meist die erste selbständige wissenschaftliche schriftliche Arbeit in der Entwicklung zu einem wissenschaftlich arbeitenden Psychologen. Die genannten Qualifikationsarbeiten werden in der Regel nicht veröffentlicht. Bei Dissertationen hingegen ist eine Publikation oft in der entsprechenden Prüfungsordnung verankert. In Form und Inhalt ähneln sich Qualifikationsarbeiten und Fachzeitschriftenartikel.

Der Aufbau von Qualifikationsarbeiten stellt sich i.d.R. folgendermaßen dar (nach Bortz & Döring, 2006; vgl. APA, 2009; DGPs, 2007):

Titelblatt

Inhaltsverzeichnis
Zusammenfassung
1. Einleitung
2. Theorie und Forschungsstand
   2.1 Theoretischer und empirischer Hintergrund
   2.2 Fragestellung und Hypothesen
3. Methode
   3.1 Stichprobenbeschreibung
   3.2 Untersuchungsdesign
   3.3 Instrumente und Messgeräte
   3.4 Durchführung
   3.5 Datenanalyse
4. Ergebnisse
   4.1 Ergebnisse zur Fragestellung und den Hypothesen
   4.2 Weitere Befunde
5. Diskussion und Fazit (Konklusion)
6. Literatur
Anhang

### 7.1.3 Standards und Richtlinien

Die Gestaltung von schriftlichen wissenschaftlichen Arbeiten unterliegt Regelungen, die der Vereinheitlichung formaler Gestaltungsmerkmale dienen und gleichzeitig inhaltliche Standards setzen. Die Vereinheitlichung erleichtert die Orientierung und das Verständnis von wissenschaftlichen Texten. Standardisierte Überschriften, Tabellen, Literaturangaben und vieles mehr verringern den Aufwand beim Lesen und das Wichtige – die Inhalte – können schneller durch den Leser aufgenommen werden.

Sowohl die American Psychological Association (APA) als auch die Deutsche Gesellschaft für Psychologie (DGPs) haben Richtlinien veröffentlicht. Diese gelten insbesondere für Manuskripte, die zur Publikation bei Zeitschriften eingereicht werden, aber auch Qualifikationsarbeiten oder Bücher müssen in der Regel nach diesen Vorgaben angefertigt werden.

Von der APA (2009) wird das *Publication Manual of the American Psychological Association* (oder kurz *Publication Manual*) herausgegeben. Die APA veröffentlichte die erste Buchausgabe ihrer Richtlinien 1957. Vorläufer gab es aber bereits in den Jahren 1929, 1944 und 1952. Der Erfolg lässt sich auch an den weiteren Auflagen erkennen, denn seit 2009 ist mittlerweile die 6. Auflage erhältlich. Die APA Richtlinien werden zusammenfassend als APA-Standards oder *APA-Style* bezeichnet (vgl. http://www.apastyle.org/) und sind weit über die psychologische Gemeinschaft hinaus relevant.

Für den deutschsprachigen Raum werden ergänzend zum *Publication Manual* von der DGPs (2007) die *Richtlinien zur Manuskriptgestaltung* herausgegeben. Die DGPs hat kein eigenes Regelwerk verfasst, sondern es orientiert sich an den amerikanischen/internationalen Richtlinien der APA.

Formale Regelungen betreffen beispielsweise die Verwendung von Kursivschrift, von Zahlen und Abkürzungen oder die Gestaltung von Gliederungsüberschriften. Auch werden Vorgaben über die Darstellung von Abbildungen und Tabellen gemacht. Beispielsweise wird nach den Vorgaben eine Tabellenbezeichnung als Überschrift über die entsprechende Tabelle gesetzt, während die Bezeichnung von Abbildungen unter diese gesetzt wird. Besonderer Wert wird auf korrekte Quellenangaben gelegt. Zum einen dienen genaue Angaben dazu, die im Text angegebenen Informationen in eindeutiger Weise nachvollziehen zu können, zum anderen wird dadurch Plagiarismus (vgl. Kapitel 8) verhindert, indem für jede nicht eigene Idee oder Textpassage die Quelle genannt wird. Die Nachvollziehbarkeit ist auch der Grund, weshalb relativ rigide Vorschriften gemacht werden, wie die angeführten Quellen im Literaturverzeichnis aufzuführen sind.

### 7.1.4 Eine Frage des Stils

Neben inhaltlicher Originalität und angemessener Methodik sollte ein Text gut lesbar sein, Interesse wecken und nicht ermüden. Wer will schon ein Buch lesen, dass zwar inhaltlich wertvoll, aber umständlich geschrieben ist?

Eine gute stilistische Gestaltung kann helfen, den Inhalt prägnant und verständlich zu formulieren und das gilt nicht nur für Belletristik, sondern auch für psychologische Fachtexte. Vergleichen Sie folgende Textpassagen:

ungünstig *„In der hier vorgelegten und präsentierten Studie wurden die studentischen Versuchspersonen, sie waren Studierende im Fach Psychologie, verschiedenen Untersuchungsbedingungen zugeordnet, wobei die Zuordnung randomisiert erfolgte. Es gab die Gruppen Experimentalgruppe 1, Experimentalgruppe 2 und eine Kontrollgruppe."*

besser   „Wir wiesen die teilnehmenden Psychologie-Studierenden per Zufall zwei Experimental- und einer Kontrollgruppe zu."

Beides sind zwar fiktive, aber realistische Möglichkeiten der Darstellung desselben Sachverhalts, die beide (leider) auch so in Artikeln zu finden sein könnten. Der wesentliche Unterschied liegt in der (mangelnden) Prägnanz: präzise und ausreichende Informationen durch möglichst kurzen Text. Ein umständlicher Stil entsteht, wenn beispielsweise Substantive in größerer Zahl oder Verben im Passiv verwendet werden. „Man" oder „es wurde" sollten genau so vermieden werden wie Redundanzen. „Ein guter Autor, ob Amateur oder Profi, empfindet die Überarbeitung seines Textes als *willkommene* Gelegenheit, Worte, Sätze, Absätze oder ganze Kapitel zu streichen" (Stein, 1997, S. 391).

Neben der Prägnanz zeichnen sich wissenschaftliche Texte auch durch Sachlichkeit aus, die auf den ersten Blick relativ einfach zu verwirklichen zu sein scheint. Allerdings ist die menschliche Informationsverarbeitung durch Verzerrungen gekennzeichnet, die eine sachliche, objektive Verarbeitung und Bewertung eines wissenschaftlichen Textes ver- oder behindern. Als Konsequenz sind z.B. suggestive Formulierungen unangebracht. Eine Aufstellung, wie beispielsweise über sexuelle Orientierung, ethnische Zugehörigkeit, Menschen mit Behinderung angemessen berichtet wird, findet sich im *Publication Manual* (APA, 2009).

Für den Lesefluss und das Verständnis ist auch auf eine Balance der Satzlängen zu achten. Zu lange und zu verschachtelte Sätze, die das Ausmaß eines Absatzes annehmen, verdrießen den Leser. Zudem können die logischen Bezüge der angesprochenen Sachverhalte schwerer nachvollzogen werden. Eine Reihung von Hauptsätzen behindert ebenfalls den Lesefluss. Eine abwechslungsreiche Gestaltung von Satzkonstruktionen unterstützt die inhaltliche Botschaft und erleichtert das Lesen.

*7.1.5 Schreibblockaden und Schreibübungen*

„Schreiben ist in den seltensten Fällen ein glatter flüssiger Prozess" (Kruse, 2007, S. 241). Niemand – weder Student noch Professor – ist davor gefeit, einmal nicht weiter zu kommen oder gar eine Schreibblockade zu erleben. Normalerweise lösen sich Blockaden und können unter Umständen sogar als kreative Denkpause dem Schreibprozess nutzen. Manchmal aber entstehen lange Phasen ohne konkrete Schreibideen. Die Ursachen sind vielfältig. Falsche Überzeugungen und zu hohe Erwartungen gehören zu den wichtigsten. Von Werder (1994) nennt in diesem Zusammenhang sechs unwahre Mythen des wissenschaftlichen Schreibens (S. 399–400):

1. *Das wissenschaftliche Schreiben wird direkt durch spontane Inspiration gesteuert.*
2. *Das wissenschaftliche Schreiben lässt sich leicht und unkompliziert praktizieren.*
3. *Der erste Entwurf einer wissenschaftlichen Arbeit ist meist schon perfekt.*
4. *Wissenschaftliche Schreiber werden geboren. Sie brauchen die Fähigkeit zum wissenschaftlichen Schreiben nicht in einem langen Lernprozess zu erwerben.*
5. *Jeder Schreiber arbeitet in gleicher Weise – nur dieser Weg ist der richtige.*
6. *Viele Menschen sind zum wissenschaftlichen Schreiben einfach zu dumm.*

Sind die Mythen in der Vorstellung des Autors überwunden oder zumindest in ihrer Wirkung für die persönliche Arbeit abgemildert und eine Schreibblockade tritt dennoch auf, können Techniken angewendet werden, die effektiv sind und oft rasch helfen können, die Schreibpause zu beenden. Mögliche Techniken sind beispielsweise das Schreiben über die Schreibprobleme selbst, Bildung von Assoziationen, Clustering, Free Writing, das Schreiben lernen in Schreibgruppen oder das Anlegen und Führen eines Journals. Von Werder (1994) präsentiert diese und weitere gute Anregungen, um Schreibblockaden zu vermeiden bzw. zu überwinden.

Ein Text wird eigentlich nie aus dem Stegreif druckfertig niedergeschrieben (vgl. Becker, 2000). Texte können als Rohentwurf entstehen und anschließend inhaltlich und sprachlich überarbeitet bzw. verbessert werden.

## 7.2 Der Vortrag

Der Vortrag ist neben schriftlichen Publikationen in der psychologischen Scientific Community eine andere Form, um wissenschaftliche Erkenntnisse zu teilen. Möchte man einen Vortrag auf einem psychologischen Kongress halten oder ein Poster (vgl. 7.3) vorstellen, so muss man sich einem Bewerbungsverfahren unterziehen (es sei denn, man wird wie wenige andere renommierte Forscher direkt durch die Veranstaltungsleitung eingeladen). Zentraler Bestandteil einer Bewerbung ist das Abstract (also die Zusammenfassung), das von Gutachtern (ähnlich dem peer-review-Prozess bei Fachzeitschriftenartikeln) bewertet wird. Das Ergebnis kann zu einer Ablehnung des Beitrages führen, zu einer Annahme, oder es wird eine Umwidmung vorgenommen.

Bei einer Umwidmung wird die Präsentationsart gewechselt, zumeist vom Vortrag zum Poster.

### 7.2.1 Der wissenschaftliche Vortrag

Ein *wissenschaftlicher* Vortrag ist eine Präsentation, bei der eine Wissenschaftlerin oder ein Wissenschaftler über ein wissenschaftliches Thema spricht, mit der Absicht, die Adressaten möglichst verständlich und einprägsam über Ergebnisse wissenschaftlicher Aktivität zu informieren (Strobel & Westhoff, 2003). Beispielsweise bietet der alle zwei Jahre stattfindende Kongress der Deutschen Gesellschaft für Psychologie (http://www.dgpskongress.de) die Gelegenheit, Vorträge zu halten und sich und sein Thema zu präsentieren. Weitere Tagungen werden von den Fachgruppen der DGPs (http://www.dgps.de/dgps/fachgruppen/) durchgeführt, bei denen die Themengebiete dann spezifischer abgesteckt sind. Daneben existieren eine ganze Reihe weiterer Tagungen nationaler und internationaler Art, die mehr oder weniger auf bestimmte Themengebiete spezifiziert sind. Eine der größten und thematisch am breitesten aufgestellten Tagungen ist der International Congress of Psychology (ICP, http://www.icp2012.com/).

Die Vorträge sind jeweils an bestimmte Rahmenbedingungen gebunden, die durch die Veranstaltungsleitung festgelegt sind. Wie viel Zeit die Präsentation in Anspruch nehmen kann, ist dabei eine der wichtigsten Festlegungen. „Man kann zwar über alles reden, aber nicht über die vereinbarte oder vorgegebene Zeit hinaus" (Westhoff, 1999, S. 5). Bei vielen Tagungen stehen einem Referenten 20 Minuten zur Verfügung, wobei 5 Minuten dieser Zeit für die Diskussion vorgesehen sind. Einzelne Vorträge werden meist zu Symposien oder Arbeitsgruppen zusammengefasst. Solch einer Gruppe steht ein sogenannter *Chair* (wörtlich: Vorsitzender) vor, der die Diskussionen moderiert und dafür sorgt, dass die Zeitvorgaben eingehalten werden.

Nur wenige Vorträge beschränken sich auf die rein „monomediale", sprachliche Darstellung von Themen. Eine Präsentation mit (PowerPoint)-Folien und Beamer ist Standard, wobei Grafiken, Abbildungen, Animationen, Filme, Ton etc. eingesetzt werden. Handouts sind bei Tagungsvorträgen eher nicht üblich. Stattdessen werden die Abstracts aller angenommenen Vorträge in einem Abstractband veröffentlicht oder zumindest online zur Verfügung gestellt.

## 7.2.2 Das Vortragen

Wie wird ein Vortrag gehalten? Die Antwort: kurz! Will (1997) formuliert das zugrundeliegende Problem: „Referenten wissen zu viel" (S. 13). Nicht alles kann präsentiert werden und die Kunst liegt gerade darin, nur auf das Wesentliche zu sprechen zu kommen. Kennzeichnend dabei ist die Form der mündlichen Darbietung. Damit ist gemeint, wie frei, also inwieweit der Vortrag ohne Verwendung von schriftlichen Vorlagen, gehalten wird. Die Freiheit – oder besser Losgelöstheit vom geschriebenen Wort – kann auf einem Kontinuum verortet werden, das zwischen den Extrempolen „total frei" und „wörtlich abgelesen" liegt.

*Der unfreie, wörtlich abgelesene Vortrag:* Für einen abgelesenen Vortrag ist die schriftliche Ausformulierung die Grundlage der Präsentation. Die Vorteile dieser Methode liegen in der Sicherheit und der Zeitgenauigkeit. Die Gefahr dieser Methode besteht darin, dass das Vortragen ein Vor- bzw. Ablesen wird und das Publikum gelangweilt reagiert. Ein anderer problematischer Punkt betrifft die Aufmerksamkeit. Wird der Vortrag gelesen, so richtet sich die Konzentration des Referenten auf das vorliegende Schriftstück und nicht auf das Publikum.

*Der freie Vortrag:* Der absolut freie Vortrag wird ohne schriftliche Grundlage gehalten. Höge (2006) sieht den großen Vorteil des freien Vortrages in seiner Lebendigkeit und seiner Flexibilität. Er entsteht erst durch sich selbst. Dadurch besteht die Gelegenheit, intensiv auf das Publikum einzugehen. Hohe kommunikative Kompetenzen sind ebenso notwendig wie die inhaltliche Sicherheit.

Auf psychologischen Kongressen finden sich alle Varianten. Weder die eine noch die andere Variante bzw. Mischung ist per se falsch oder richtig: Wichtig ist die Passung zum Thema, zum Publikum als auch zu den Vorlieben und Fähigkeiten des Vortragenden. Beim Vortragen sind eine Reihe von Grundregeln zu beachten: Laute und deutliche Aussprache, verständliches Vortragen, Verwendung von kurzen Sätzen ohne Verschachtelungen, Vermeidung von Fremdwörtern, das Setzen von Pausen, eine variable Intonation und Blickkontakt zum Publikum. Neben diesen einfachen Kommunikationsregeln kommen rhetorische Mittel zum Einsatz. Dazu zählen beispielsweise bewusst eingesetzte Wiederholungen oder die Einbettung von Beispielen.

Der Inhalt wird bei wissenschaftlichen Vorträgen in eine bestimmte Vortragsstruktur gebracht, die folgende Teile umfassen kann (vgl. Schilling, 2006):

*1. Begrüßung und Vorstellung:* Die Begrüßung ist ein Akt der Höflichkeit und verleiht dem Vortrag etwas Persönliches. Damit kann auch ein Bezug zum

Publikum hergestellt werden. Der Inhalt eines wissenschaftlichen Vortrags steht zwar im Vordergrund; damit assoziiert ist aber immer auch der Eindruck, den der oder die Vortragende beim Publikum auf der „Beziehungsebene" hinterlässt.

2. *Einleitung:* In der Einleitung werden der Anlass und der Zweck der Studie vorgestellt und die Relevanz des Themas wird begründet.

3. *Zielklärung:* Durch die Klärung der Ziele wird das Publikum aktiviert und näher an den Inhalt herangeführt. Es kann selbst aktiv am Vortrag partizipieren, indem es in die Lage versetzt wird zu entscheiden, welche Inhalte besonders relevant sind.

4. *Überblick:* Bevor direkt in das Thema eingestiegen wird, empfiehlt es sich, dem Publikum einen Überblick zu den wichtigsten Inhalten und zur Struktur des Vortrags zu geben.

5. *Inhaltliche Darstellung:* Nach den einleitenden Worten beginnt der inhaltliche Vortrag. Die Gliederung orientiert sich an der für schriftliche Arbeiten üblichen Einteilung: Theorie und Empirie, Methoden, Ergebnisse, Diskussion.

6. *Zusammenfassungen:* Je länger der Vortrag dauert und je mehr Informationen gegeben werden, desto wahrscheinlicher ist es, dass das Publikum zwischenzeitlich die Aufmerksamkeit verliert und am Ende wichtige Aspekte vergessen hat. Zusammenfassungen bieten insbesondere am Ende die Gelegenheit, das Wichtigste noch einmal zu präsentieren und den Zuhörern eine „take home message" zu vermitteln.

7. *Diskussion:* Nach Abschluss der inhaltlichen Darstellung erfolgt die Publikumsdiskussion. In diesem Teil werden Fragen geklärt, Missverständnisse ausgeräumt und Informationen vertieft. Bei Bedarf kann weiteres, bereits vorbereitetes Material eingesetzt werden.

8. *Verabschiedung:* Nachdem der Vortrag beendet ist, sollte der Vortragende sich für die Zeit, die Aufmerksamkeit und die Beteiligung des Publikums bedanken und sich von den Zuhörern verabschieden.

## 7.3 Poster und Poster Sessions

Mit dem Begriff „Poster" ist hier nicht allein der physische Gegenstand des Plakates gemeint (i. d. R. DIN-A-0), sondern darüber hinaus eine separate wissenschaftliche Präsentationsform. Bei Veranstaltungen und Kongressen wird Wissenschaftlern oft die Gelegenheit gegeben, mit Postern ihre empirischen Untersuchungen in sogenannten *Poster Sessions* zu präsentieren. Die Poster werden entweder zu vorgegebenen Zeiten ausgestellt, zu denen die Autoren für Fragen und Diskussionen – im wörtlichen Sinn – neben ihrem Poster zur Verfügung stehen. Eine andere Form ist die moderierte Poster Session, die wie eine Vortragsgruppe durch einen Chair geleitet wird.

Der enge Kontakt zum Publikum ist der entscheidende Vorteil des Posters im Vergleich zum Vortrag. Eine lebhafte Beteiligung der Anwesenden und eine detailliertere Auseinandersetzung mit dem Thema sind möglich. Der Charakter ist weniger offiziell (öfters werden diese Veranstaltungen am frühen Abend, begleitet von einem Glas Wein durchgeführt) und bietet besonders Nachwuchswissenschaftlern eine Gelegenheit, ihre Ideen und Studien vorzustellen und durch den Austausch mit anderen Forschern weiter zu entwickeln. Leider wird in der Regel ein nicht so zahlreiches Publikum erreicht. Ist eine Untersuchung abgeschlossen, die vielleicht auch schon veröffentlicht ist, und soll diese abschließend einem möglichst breiten Publikum bekannt gemacht machen, dann empfiehlt sich eher ein Vortrag (Höge, 2006).

Bei der Gestaltung von Postern könnte „Alles ist möglich" der Leitspruch sein. Denn es werden oft dutzende Poster parallel ausgestellt und da bedarf es einer gewissen Auffälligkeit. Natürlich existieren aber auch hier Regeln, Richtlinien und Konventionen, wie sie beispielsweise durch die APA (2009) oder die DGPs (2007) vorgegeben werden. Dennoch besteht ein hoher Gestaltungsspielraum, so dass ein beträchtliches Maß an Kreativität in die Postergestaltung einfließen kann.

## Literaturempfehlungen

American Psychological Association. (2009). *Publication manual of the American Psychological Association* (6th ed.). Washington, DC: Author.

Deutsche Gesellschaft für Psychologie. (Hrsg.). (2007). *Richtlinien zur Manuskriptgestaltung* (3., überarb. und erw. Aufl.). Göttingen: Hogrefe.

# 8 Ethische und rechtliche Aspekte psychologischer Forschung

Noch vor der Durchführung einer empirischen Studie müssen bei der Planung neben methodischen auch rechtliche und ethische Prinzipien beachtet werden. Daher sind nicht nur Kompetenzen in all den Bereichen erforderlich, die bereits in diesem Buch beschrieben wurden, sondern auch Wissen und Sensibilität im Hinblick auf die ethischen und rechtlichen Implikationen, die mit Untersuchungen am Menschen verbunden sind. Abgesehen davon trägt die Beachtung solcher Prinzipien auch zum Image der Psychologie in der Öffentlichkeit bei und nicht zuletzt zur Bereitschaft von Personen, erneut an psychologischen Studien teilzunehmen.

Ethische Fragen in Zusammenhang mit psychologischer Forschung sind oft mit einem Dilemma verbunden, das auch unter den Stichworten Kosten-Nutzen-Rechnung (Huber, 2009) oder methodologische vs. ethische Normen (Schuler, 1980) diskutiert wird.

## 8.1 Gesetzliche Rahmenbedingungen

Neben vielen anderen relevanten und zu beachtenden rechtlichen Vorgaben tangieren insbesondere zwei Gesetzestexte die psychologische Forschung. Zum einen Artikel 1 und 2 des Grundgesetzes und zum anderen § 203 des StGB. Zu allererst ist das Grundgesetz zu beachten. Sowohl Artikel 1, Absatz 1 als auch Artikel 2, Absatz 2 tangieren in besonderer Weise die psychologische Forschung lauten:

Artikel 1
(1) Die Würde des Menschen ist unantastbar. Sie zu achten und zu schützen ist Verpflichtung aller staatlichen Gewalt.

Artikel 2
(2) Jeder hat das Recht auf Leben und körperliche Unversehrtheit. Die Freiheit der Person ist unverletzlich. In diese Rechte darf nur auf Grund eines Gesetzes eingegriffen werden.

Viele psychologische Gegenstände wie z. B. Angst, Einstellungen gegenüber Minderheiten, psychische Störungen, Schmerzempfinden oder Sexualität greifen mehr oder weniger stark in die Privat- und Intimsphäre derjenigen Menschen ein, die an einer Untersuchung teilnehmen. Zudem können psychologische Untersuchungen für die Teilnehmer belastend oder sogar gefährdend sein. Prominentestes Beispiel ist das im Jahr 1971 durchgeführte Stanford-Prison-Experiment von Zimbardo (siehe http://www.prisonexp.org/). Bei diesem Experiment sollte die Entwicklung von Normen, Regeln und Erwartungen beobachtet werden, die sich aus einer (willkürlichen) Zuweisung von Personen zu einer bestimmten Gruppe ergeben. Die Teilnehmer wurden der Gruppe von Gefängnisaufsehern bzw. Gefängnisinsassen zugewiesen und sollten quasi in einem Rollenspiel das Leben in einem (im Keller der Stanford-Universität) nachgebauten Gefängnis nachempfinden. Die Insassen wurden für die Dauer der Studie eingesperrt und von den Aufsehern zum Beispiel dazu gebracht, bestimmte unangenehme Dienste (wie Putzdienste) zu erledigen. Bei dieser Studie war der Freiheitsentzug also von vorne herein beabsichtigt und auch emotionale Belastungen wurden erwartet. Allerdings entwickelten sich die Verhältnisse so, dass z. B. durch Drangsalierungen und Misshandlungen der Insassen durch die Aufseher die „Haftbedingungen" so unhaltbar wurden, dass das Experiment nach 6 von beabsichtigten 14 Studientagen abgebrochen wurde.

Im Zusammenhang mit dem Schutz der Würde des Menschen ist auch § 203, Abs. 1 des Strafgesetzbuches relevant, in dem die Verletzung von Privatgeheimnissen thematisiert wird:

> § 203 Verletzung von Privatgeheimnissen
> 1. Wer unbefugt ein fremdes Geheimnis, namentlich ein zum persönlichen Lebensbereich gehörendes Geheimnis oder ein Betriebs- oder Geschäftsgeheimnis, offenbart, das ihm als (…) Berufspsychologen mit staatlich anerkannter wissenschaftlicher Abschlussprüfung anvertraut worden oder sonst bekannt geworden ist, wird mit Freiheitsstrafe bis zu einem Jahr oder mit Geldstrafe bestraft.

Jedes Mal, wenn eine Versuchsperson einen Fragebogen ausfüllt, an einem Interview teilnimmt oder vielleicht auch „nur" beobachtet wird, gibt die Person

Einsicht in ihren persönlichen Lebensbereich. Ein gewissenhafter, auf rechtlichen und ethischen Prinzipien fundierender Umgang mit den erhobenen Daten ist daher unumgänglich.

## 8.2 Ethische Richtlinien der DGPs und des BDP

Basierend auf dem Grundgesetz und anderen gesetzlichen Bestimmungen, denen die empirisch-psychologische Forschung unterliegt, haben die Deutsche Gesellschaft für Psychologie (DGPs) und der Berufsverband Deutscher Psychologinnen und Psychologen (BDP) ethische Richtlinien verabschiedet (DGPs & BDP, 2004/2005). Schon in den ersten Sätzen der Präambel zu den Richtlinien wird auf die besondere Verantwortung hingewiesen, die Psychologinnen und Psychologen beim Ausüben berufspraktischer Tätigkeiten tragen – seien sie nun wissenschaftlich in Lehre und Forschung, in der Diagnostik, Psychotherapie, Supervision, Beratung oder als Experten tätig:

> Die Aufgabe von Psychologen ist es, das Wissen über den Menschen zu vermehren und ihre Kenntnisse und Fähigkeiten zum Wohle des einzelnen und der Gesellschaft einzusetzen. Sie achten die Würde und Integrität des Individuums und setzen sich für die Erhaltung und den Schutz fundamentaler menschlicher Rechte ein (...).

Der Schutz und das Wohl der Menschen, mit denen Psychologen arbeiten, sind das primäre Ziel dieser Richtlinien. Der erste Grundsatz lautet:

> (...) Psychologen sind sich der Besonderheit der Rollenbeziehung zwischen Versuchsleiter und Versuchsteilnehmer und der daraus resultierenden Verantwortung bewusst. Sie stellen sicher, dass durch die Forschung Würde und Integrität der teilnehmenden Personen nicht beeinträchtigt werden. Sie treffen alle geeigneten Maßnahmen, Sicherheit und Wohl der an der Forschung teilnehmenden Personen zu gewährleisten und versuchen, Risiken auszuschließen.

Sowohl in der Präambel als auch in dem ersten ethischen Grundsatz für die Forschung spiegeln sich Artikel 1 und 2 unseres Grundgesetzes wider. Nun kann es in psychologischen Untersuchungen notwendig sein, die körperliche und insbesondere die psychische Unversehrtheit zumindest vorübergehend zu beeinträchtigen. In Studien beispielsweise zur Schmerztoleranz oder zum Umgang mit Selbstwertbeeinträchtigungen und sozialer Angst ist es aus methodischen Gründen geboten, den Probanden leichte Schmerzreize zuzufügen, ihre Selbstwertschätzung situativ zu bedrohen oder Angst zu induzieren (vgl. auch das Stanford-Prison-Experiment). Wenn solche beabsichtigten Beeinträchtigungen (Lewin, 1979) aus methodischen Gründen notwendig sind, dann sollten sie so gestaltet werden, dass sie die Untersuchungsteilnehmer möglichst wenig belasten (Bortz & Döring, 2006). Vermeidbare und unbeabsichtigte Beeinträchtigungen (Lewin, 1979) können ebenfalls auftreten. Sie entstehen aus Mangel an Sorgfalt, Unachtsamkeit, wegen überflüssiger Versuchsbedingungen oder wenn bestimmte Versuchsbedingungen einzelne Probanden in nicht vorhersehbarer Weise belasten. Der Versuchsleiter hat dann die Pflicht, den Probanden durch geeignete Maßnahmen bei der Bewältigung zu unterstützen, z. B. durch ein persönliches Gespräch oder durch sachliche Aufklärung.

Die ethischen Richtlinien behandeln auch die Bedingungen, unter denen sich Personen entscheiden, überhaupt an einer psychologischen Studie teilzunehmen. Prinzipiell sollte die Teilnahme an einer Studie für die Probanden freiwillig sein, dies ist aber nur bedingt der Fall bei den sogenannten Versuchspersonenstunden. An jeder deutschen Universität sind Psychologiestudierende „gezwungen", Versuchspersonenstunden zu absolvieren. Dies bedeutet, dass Psychologiestudierende selbst als Probanden an Studien teilnehmen müssen, wenn sie den Universitätsabschluss in Psychologie erhalten möchten. Diese zum Beispiel in einer Studienordnung festgehaltene Regelung beschneidet das Recht auf Freiwilligkeit, andererseits wird die Notwendigkeit allgemein akzeptiert, dass Studierende selbst beispielsweise einen Fragebogen ausfüllen oder an einem Experiment teilnehmen, bevor Sie diese Verfahren später selbst mit anderen Personen durchführen.

Zusätzlich zum Prinzip der Freiwilligkeit wird ein potentieller Proband über das Forschungsvorhaben umfassend und in für Laien verständlicher Form informiert. Falls während der Versuchsdurchführung Audio- oder Videoaufzeichnungen gemacht werden sollen, muss auch dazu eine Einwilligung eingeholt werden. Erklärt sich eine Person vor dem Hintergrund der relevanten Informationen bereit, an der Untersuchung teilzunehmen, wird von *informed consent* oder *informierter Einwilligung* (vgl. Schuler, 1980) gesprochen. Im Stanford-Prison-Experiment wurden beispielsweise die Teilnehmer über die „Haftbedingungen" im Vorfeld informiert und willigten – informiert über die anstehende Untersuchung – ein, vorübergehend auf einige Rechte wie beispielsweise das Recht auf Freiheit zu verzichten.

Die *Täuschung von Probanden* ist eine wichtige und schwierige ethische Problematik in der Forschungspraxis. Aus methodischen Gründen kann eine

Täuschung der Probanden bei bestimmten Fragestellungen notwendig sein. Beispielsweise ist der sogenannte Doppelblindversuch ganz besonders dazu geeignet, Erwartungseffekte bei Versuchsleitern und Versuchsteilnehmern methodisch auszuschließen (vgl. 4.3). Weitere Formen von Täuschung sind falsche Rückmeldungen über die Leistung in zuvor durchgeführten Tests, der Einsatz von Pseudo-Versuchspersonen (sogenannten „*Stooges*"), aber auch verdeckte oder unerkannte teilnehmende Beobachtung. Bei solchen Vorgehensweisen soll Probanden vorgetäuscht werden, es handele sich um eine natürliche Situation. Damit können Reaktionen im Verhalten und Erleben der Versuchsteilnehmer eindeutig auf Situationsmanipulationen bezogen werden und die alternative Erklärung, es handele sich um eine Reaktion bedingt durch das Wissen um die psychologische Untersuchung, wird ausgeschlossen. Nutzen und Schaden der Täuschung müssen gegeneinander abgewogen werden; zudem sind Täuschungen möglichst früh aufzuklären. In der Regel sollte die Aufklärung der Probanden, das *Debriefing*, am Ende des jeweiligen Versuchs erfolgen, spätestens aber am Ende der gesamten Datenerhebung. Die Inhalte weiterer Grundsätze betreffen nicht nur die Psychologie, sondern alle Wissenschaften bzw. alle wissenschaftlich tätigen Forscher. Die niedergelegten Inhalte können dabei unter dem Titel *Regeln guter wissenschaftlicher Praxis* subsumiert werden, die im folgenden Abschnitt vorgestellt werden.

## 8.3   Regeln guter wissenschaftlicher Praxis

1996 suchte Dr. Eberhard Hildt seinen ehemaligen Professor und Doktorvater auf und legte ihm einige Daten vor (Finetti & Himmelrath, 1999; Stiehm, 2003). Mit diesem scheinbar harmlosen Akt wurde der Grundstein für die seit gut 15 Jahren auch öffentlich geführte Diskussion über Regeln guter wissenschaftlicher Praxis gelegt. Ursache für diese Diskussion war die Tatsache, dass die Daten gefälscht waren. Dr. Eberhard Hildt war in einer Arbeitsgruppe unter Professor Friedhelm Herrmann tätig, dem damaligen Chef der Hämatologie und Onkologie der Medizinischen Universitätsklinik in Ulm. Hildt hatte den Verdacht, dass die Daten, die selbstverständlich auch die Grundlage für Publikationen, Gelder und den allgemeinen Erfolg bildeten, gefälscht waren. Er wandte sich an seinen Doktorvater als Vertrauensperson und legte ihm die Daten vor. Bald wurde deutlich, dass neben Friedhelm Herrmann auch seine Lebensgefährtin, die Professorin Marion Brach, in die Datenfälschung verwickelt war. Der auf diese Weise bekannt gewordene „Fall Herrmann/Brach" wurde mit anderen Fällen wissenschaftlichen Fehlverhaltens in dem lesenswerten Buch *Der Sündenfall* von Finetti und Himmelrath (1999) aufgearbeitet.

Sowohl als Reaktion auf die Fälschungen als auch auf das öffentliche Interesse wurde vom Präsidium der Deutschen Forschungsgemeinschaft (DFG) die Kommission „Selbstkontrolle in der Wissenschaft" einberufen, um wissenschaftliches Fehlverhalten zu bekämpfen. Diese Maßnahme schien notwendig, da im Forschungsbereich so gut wie keine Richtlinien zum Umgang mit Fehlverhalten existierten bzw. kaum beachtet wurden.

Im Anschluss an eine Analyse der Ursachen wissenschaftlichen Fehlverhaltens und der damaligen Kontrollmechanismen veröffentlichte die DFG-Kommission Empfehlungen (DFG, 1998), um die Missstände zu bekämpfen und die Situation in der Forschung zu verbessern. Als eigene Leistung der DFG zur Verbesserung des Umgangs mit Fehlverhalten wurde das Gremium „Ombudsman der DFG" eingerichtet (http://www.ombudsman-fuer-die-wissenschaft.de). Es kann bei wissenschaftlichem Fehlverhalten als unabhängige Instanz angerufen werden. Das Gremium versteht sich als Beratungs- und Vermittlungseinrichtung, die sich fair, vertraulich und in einem transparenten Verfahren mit der entsprechenden Problematik befasst.

Aber was ist im Einzelnen unter guter wissenschaftlicher Praxis zu verstehen? Dies zu erarbeiten ist nach der Kommission „Selbstkontrolle in der Wissenschaft" Aufgabe jeder einzelnen Forschungseinrichtung (DFG, 1998). Die Hochschulrektorenkonferenz (HRK) gibt Hinweise zum möglichen Inhalt solcher Regeln (HRK, 1998, vgl. auch Abschnitt 8.1 der ethischen Richtlinien der DGPs und des BDP):

> Wissenschaftliches Fehlverhalten liegt vor, wenn in einem wissenschaftserheblichen Zusammenhang bewusst oder grob fahrlässig Falschangaben gemacht werden, geistiges Eigentum anderer verletzt oder sonstwie [sic] deren Forschungstätigkeit beeinträchtigt wird. ...

Zu Falschangaben zählen Datenfälschung, Erfindung von Daten, Auswahl von erwünschten und Zurückweisung unerwünschter Daten oder Manipulation von Darstellungen in Tabellen oder Abbildungen. Weiter werden „die unbefugte Veröffentlichung und das unbefugte Zugänglichmachen gegenüber Dritten" als auch „die Anmaßung oder unbegründete Annahme wissenschaftlicher Autor- oder Mitautorschaft" als Fehlverhalten bewertet. Auch die Inanspruchnahme der (Co-)Autorenschaft von Dritten ohne deren Wissen ist nicht zulässig. Beeinträchtigungen der Forschungstätigkeit können durch Sabotage entstehen: Beschädigung, Zerstörung oder Manipulation von Geräten, Unterlagen, Daten oder im Falle der Psychologie auch Beeinflussung von Versuchspersonen.

Zur Verletzung geistigen Eigentums werden Plagiate gezählt – also „die unbefugte Verwertung unter Anmaßung der Autorschaft". In der psychologischen Forschungsgemeinschaft wird die Unrechtmäßigkeit von Plagiaten schon Studierenden im ersten Fachsemester beigebracht. Werden Ideen, Texte oder andere Inhalten übernommen, ohne sie für den Leser so kenntlich zu machen, dass erkennbar ist, dass die Quelle von einem anderen Autor stammt, dann handelt es sich um ein Plagiat. Eben auch für diesen Punkt sind die Richtlinien zur Gestaltung von Publikationen von der APA (2009) und der DGPs (2007, vgl. Kapitel 7) nicht nur wichtig, sondern auch hilfreich, um unbeabsichtigtes Plagiieren zu vermeiden.

Die Konsequenzen, die sich aus Verletzungen der Regeln guter wissenschaftlicher Praxis ergeben sind unterschiedlich. Es können beispielsweise Rügen ausgesprochen werden, aber es können sich auch zivilrechtliche Schadensersatzleistungen ergeben. Jedem dürfte auch bekannt sein, dass Prüfungen als mangelhaft (auch im Nachhinein) bewertet werden können, wenn unrechtmäßige Mittel (wie Plagiate) benutzt werden. Zudem können auch akademische Grade verweigert oder entzogen werden. An die Doktorwürde ist nämlich beispielsweise auch das Recht gebunden, Förderanträge an die DFG zu stellen. Insbesondere politische Konsequenzen musste die Person hinnehmen, die in Deutschland der bekannteste Fall von Verstößen gegen die Regeln guter wissenschaftlicher Praxis ist: Karl-Theodor Freiherr zu Guttenberg (ehemals Dr.). Dem ehemaligen Verteidigungsminister wurde nicht nur der Doktorgrad entzogen, nachdem zahlreiche Plagiate in seiner Doktorarbeit nachgewiesen wurden (siehe http://de.guttenplag.wikia.com), er legte zudem sämtliche politische Ämter nieder.

### Literaturempfehlungen

Deutsche Gesellschaft für Psychologie & Berufsverband Deutscher Psychologinnen und Psychologen. (2004/2005). *Ethische Richtlinien der DGPs und des BDP*: http://www.dgps.de/dgps/aufgaben/003.php

Schuler, H. (1980). *Ethische Probleme psychologischer Forschung*. Göttingen: Hogrefe.

# Literaturverzeichnis

Amelang, M. & Schmidt-Atzert, L. (2006). *Psychologische Diagnostik und Intervention.* Berlin: Springer.
American Educational Research Association (AERA), American Psychological Association (APA) & National Council on Measurement in Education (NCME) (1999). *Standards for Educational and Psychological Testing.* Washington, DC: American Educational Research Association.
American Psychological Association. (2009). *Publication manual of the American Psychological Association* (Sixth edition). Washington, DC: American Psychological Association.
Asch, S. E. (1952). *Social Psychology.* New York: Prentice Hall.
Asendorpf, J. B. (2000). Idiographische und nomothetische Ansätze in der Psychologie. *Zeitschrift für Psychologie, 208,* (1-2), 72–90.
Bacher, J., Pöge, A. & Wenzig, K. (2010). *Clusteranalyse. Anwendungsorientierte Einführung in Klassifikationsverfahren.* München: Oldenbourg.
Barlow, D. H., Nock, M. & Hersen, M. (2008). *Single Case Experimantal Designs. Strategies for Studying Behavior Change* (Pergamon General Psychology Series, 2nd ed.). New York, NY: Pergamon Press.
Baron, R. M. & Kenny, D. A. (1986). The moderator-mediator variable distinction in social psychological research: Conceptual, strategic and statistical considerations. *Journal of Personality and Social Psychology, 51,* 1173–1182.
Bartelborth, T. (2007). *Erklären.* Berlin: deGruyter.
Becker, H. S. (2000). *Die Kunst des professionellen Schreibens* (2. Aufl.). Frankfurt am Main: Campus.
Bortz, J. & Döring, N. (2006). *Forschungsmethoden und Evaluation* (3. Aufl.). Heidelberg: Springer.
Bortz, J. & Schuster (2010). *Statistik für Human- und Sozialwissenschaftler.* Berlin: Springer.
Brähler E., Holling H., Leutner D. & Petermann F. (Hrsg.). (2002). *Brickenkamp Handbuch pädagogischer und psychologischer Tests* (2 Bde., 3., vollst. überarb. und erw. Aufl.). Göttingen: Hogrefe.
Blüher, R. & Pahl, S. (2007). Der „Mere-Exposure" Effekt und die Wahl von Produkten – Ein Experiment im Feld. *Zeitschrift für Sozialpsychologie, 38,* 209–215.
Bühner, M. (2006). *Einführung in die Test- und Fragebogenkonstruktion.* München: Pearson.
Bunge, M. (1967). *Scientific research. Vol. 1: The search for system.* Berlin: Springer.

Campbell, D. T. (1963). From description to experimentation: Interpreting trends as quasi-experiments. In C. W. Harris (Ed.), *Problems in measuring change* (p. 212–254). Madison: University of Wisconsin Press.

Campbell, D. T. (1986). Relabeling internal and external validity for applied social sciences. *New Directions for Program Evaluation, 31*, 67–77.

Campbell, D. T. & Fiske, D. W. (1959). Convergent and Discriminant Validation by the Multitrait-Multimethod Matrix. *Psychological Bulletin, 56 (2)*, 81–105.

Campbell, D. T. & Stanley, J. C. (1963). Experimental and quasi-experimental designs for research on teaching. In N. L. Gage (Ed.), *Handbook of research on teaching*. Chicago: Rand McNally. (Reprint *Experimental and quasi-experimental designs for research*, 1966, Chicago: Rand McNally)

Cattell, R. B. & Warburton, F. W. (1967). *Objective personality and motivation tests. A theoretical introduction and practical compendium*. Urbana: University of Illinois Press.

Cohen, J. (1988). *Statistical power analysis for the behavioral sciences*. Hillsdale, NJ: Erlbaum.

Cohen, J., Cohen, P., West, S. & Aiken, L. (2003). *Applied multiple regression/correlation analysis for the behavioral sciences* (3rd ed.). Hillsdale, NJ: Erlbaum.

Cook, T. D. & Campbell, D. T. (1979). *Quasi-Experimentation. Design and Analysis Issues for Field Settings*. Boston: Houghton Mifflin.

Creswell, J. W., & Plano-Clark, V. L. (2007). *Designing and conducting mixed methods research*. Thousand Oaks, CA: Sage.

Cronbach, L. J. (1957). The two disciplines of scientific psychology. *American Psychologist, 12*, 671–684.

Cronbach, L. J. & Meehl, P. E. (1955). Construct validity in psychological tests. *Psychological Bulletin, 52*, 281–302.

Danziger, K. (1994). *Constructing the subject. Historical origins of psychological research*. Cambridge: Cambridge University Press.

Denzin, N. K. (1970). *The Research Act in Sociology*. Chicago: Aldine.

Deutsche Forschungsgemeinschaft. (1998). *Vorschläge zur Sicherung guter wissenschaftlicher Praxis. Empfehlungen der Kommission „Selbstkontrolle in der Wissenschaft"*. Weinheim: Wiley-VCH. URL http://www.dfg.de/download/pdf/dfg_im_profil/reden_stellungnahmen/download/empfehlung_wiss_praxis_0198.pdf (Zugriff: 10. 01. 2012).

Deutsche Gesellschaft für Psychologie & Bundesverband Deutscher Psychologinnen und Psychologen. (2004). *Ethische Richtlinien der DGPs und des BDP*. URL http://www.bdp-verband.org/bdp/verband/ethik.shtml (Zugriff: 27. 11. 2011).

Deutsche Gesellschaft für Psychologie. (Hrsg.). (2007). *Richtlinien zur Manuskriptgestaltung* (3., überarb. und erw. Aufl.). Göttingen: Hogrefe.

Dörner, D. & Kreuzig, H. W. (1983). Problemlösefähigkeit und Intelligenz. *Psychologische Rundschau, 34, 4*, 185–192.

Egloff, B. (2006). Einige Anmerkungen zum Impact Factor. *Psychologische Rundschau, 57*, 116–118.

# Literaturverzeichnis

Eid, M. & Diener, E. (Eds.). (2006). *Handbook of multimethod measurement in psychology*. Washington, DC: American Psychological Association.

Ellgring, H. (1996). Verhaltensbeurteilung als Methode der Differentiellen Psychologie. In K. Pawlik (Hrsg.), *Enzyklopädie der Psychologie. Differentielle Psychologie und Persönlichkeitsforschung* (Bd. 1, S. 395–425). Göttingen: Hogrefe.

Erceg-Hurn, D. M. & Mirosevich, V. M. (2008). Modern robust statistical methods: An easy way to maximize the accuracy and power of your research. *American Psychologist, 63*, 591–601.

Fahrenberg, J., Myrtek, M., Pawlik, K. & Perrez, M. (2007). Ambulantes Assessment – Verhalten im Alltagskontext erfassen. Eine verhaltenswissenschaftliche Herausforderung an die Psychologie. *Psychologische Rundschau, 58*, 12–23.

Faßnacht, G. (1995). *Systematische Verhaltensbeobachtung*. München: UTB.

Festinger, L. (1957). *A theory of cognitive dissonance*. Stanford CA: Stanford University Press.

Finetti, M. & Himmelrath, A. (1999). *Der Sündenfall. Betrug und Fälschung in der deutschen Wissenschaft*. Stuttgart: Raabe.

Flick, U., v. Kardorff, E. & Steinke, I. (Hrsg.). (2000). *Qualitative Forschung. Ein Handbuch*. Reinbek: Rowohlts Enzyklopädie.

Freud, S. (1938). *Abriß der Psychoanalyse*. Frankfurt: Fischer.

Gigerenzer, G. (1981). *Messung und Modellbildung in der Psychologie*. München: Ernst Reinhard Verlag.

Gigerenzer, G. (1988). Woher kommen Theorien über kognitive Prozesse? *Psychologische Rundschau, 39*, 91–100.

Gigerenzer, G. (2002). *Das Einmaleins der Skepsis. Über den richtigen Umgang mit Zahlen und Risiken*. Berlin: Berliner Taschenbuch Verlag.

Gigerenzer, G. (2007). *Bauchentscheidungen. Die Intelligenz des Unbewussten und die Macht der Intuition*. München: Bertelsmann.

Gosling, S. D., Vazire, S., Srivastava, S. & John, O. P. (2004). Should we trust web-based studies? A comparative analysis of six preconceptions about internet questionnaires. *American Psychologist, 59*, 93–104.

Grawe, K. (1988). Zurück zur psychotherapeutischen Einzelfallforschung. Editorial. *Zeitschrift für Klinische Psychologie, XVII*, 1, 1–7.

Häcker, H. & Stapf, K. H. (2009). *Dorsch. Psychologisches Wörterbuch*. Bern: Huber.

Hake, A. (2001). *Was sagen gruppenstatistische Kennwerte über den Einzelfall aus? Ein Text- und Übungsbuch* (Materialien, Bd. 24). Landau: Verlag Empirische Pädagogik.

Hartung, J., Elpelt, B. & Klösener, K.-H. (2009) *Statistik: Lehr- und Handbuch der angewandten Statistik*. München: Oldenbourg.

Hayes, J. R. & Flower, L. S. (1980). Identifying the organization of writing processes. In L. W. Gregg, & E. R. Steinberg (Eds.), *Cognitive processes in writing* (pp. 3–30). Hillsdale, NJ: Erlbaum.

Henrich, J., Heine, S. J., & Norenzayan, A. (2010). The weirdest people in the world? *Behavioral and Brain Sciences, 33*, 61–135.

Hirsch, J. E. (2005). An index to quantify an individual's scientific research output. *Proceedings of the National Academy of Sciences, 102,* 16569–16572.

Hochschulrektorenkonferenz (1998, 6. Juli). *Zum Umgang mit wissenschaftlichem Fehlverhalten in den Hochschulen.* URL http://www.hrk.de/de/beschluesse/109_422. php?datum=185.+Plenum+am+6.+Juli+1998+ (Zugriff: 27. 11. 2011).

Hodapp, V. (1984). *Analyse linearer Kausalmodelle.* Bern: Huber.

Höge, H. (2006). *Schriftliche Arbeiten in Studium und Beruf. Ein Leitfaden* (3. überarb. und erw. Aufl.). Stuttgart: Kohlhammer.

Huber, H. P. (1973). *Psychometrische Einzelfalldiagnostik.* Weinheim: Beltz.

Huber, O. (2009). *Das psychologische Experiment: Eine Einführung* (5. Auflage). Bern: Huber.

Hussy, W., Schreier, M. & Echterhoff, G. (2009). *Forschungsmethoden in Psychologie und Sozialwissenschaften – für Bachelor.* Berlin: Springer.

Johnson, J. A. (2005). Ascertaining the validity of individual protocols from web-based personality inventories. *Journal of Research in Personality, 39,* 103–129.

Johnson, R. B., Onwuegbuzie, A. J. & Turner, L. A. (2007). Toward a Definition of Mixed Methods Research. *Journal of Mixed Methods Research, 1* (2), 112–133.

Kaplan-Solms, K. & Solms, M. (2003). *Neuro-Psychoanalyse.* Stuttgart: Klett-Cotta.

Kelle, U. (2008). *Die Integration qualitativer und quantitativer Methoden in der empirischen Sozialforschung: Theoretische Grundlagen und methodologische Konzepte.* Wiesbaden: VS-Verlag.

Kelle, U. & Kluge, S. (1999). *Vom Einzelfall zum Typus: Fallvergleich und Fallkontrastierung in der qualitativen Sozialforschung.* Opladen: Leske & Budrich.

Kern, H. J. (1997). *Einzelfallforschung. Eine Einführung für Studierende und Praktiker.* München: Beltz PVU.

Kessler, B. H. (1999). Daten aus dem Interview. In R. S. Jäger & F. Petermann (Hrsg.), *Psychologische Diagnostik. Ein Lehrbuch* (S. 429–438). Weinheim: Beltz/PVU.

Kici, G. & Westhoff, K. (2000). Anforderungen an psychologisch-diagnostische Interviews in der Praxis. *Report Psychologie, 25,* 428–436.

Kraut, R., Lundmark, V., Kiesler, S., Mukhopadhyay, T. & Scherlis, W. (1998). Internet paradox: A social technology that reduces social involvement and psychological well-being? *American Psychologist, 53,* 1017–1031.

Kriz, J. (2003). Artefaktprobleme experimenteller Ökonomik. In M. Held, G. Kubon-Gilke & R. Sturm (Hrsg.), *Normative und institutionelle Grundfragen der Ökonomik, Jahrbuch 2: Experimente in der Ökonomik* (S. 269–292). Marburg: Metropolis.

Krohne, H. W. & Hock, M. (2007). *Psychologische Diagnostik. Grundlagen und Anwendungsfelder.* Stuttgart: Kohlhammer.

Kruse, O. (2007). *Keine Angst vor dem leeren Blatt. Ohne Schreibblockaden durchs Studium.* Frankfurt am Main: Campus.

Kubinger, K. D. (2003). Gütekriterien. In Kubinger, K. D. & Jäger, R. S. (Hrsg.), *Schlüsselbegriffe der Psychologischen Diagnostik* (S. 195–202). Weinheim: Beltz PVU.

Kubinger, K. D. (2009). Psychologische Computerdiagnostik. *Zeitschrift für Psychiatrie, Psychologie und Psychotherapie, 57,* 23–32.

# Literaturverzeichnis

Kubinger, K. D. & Ebenhöh, J. (1996). *Arbeitshaltungen – Kurze Testbatterie: Anspruchsniveau, Frustrationstoleranz, Leistungsmotivation, Impulsivität/Reflexivität*. [Software und Manual]. Frankfurt am Main: Swets.

Labuhn, A. S., Bögeholz, S. & Hasselhorn, M. (2008). Lernförderung durch Anregung der Selbstregulation im naturwissenschaftlichen Unterricht. *Zeitschrift für Pädagogische Psychologie, 22*, 13–24.

Lamnek, S. (2010). *Qualitative Sozialforschung*. München: Beltz PVU.

Langer, I. & Schulz von Thun, F. (1974). *Messung komplexer Merkmale in Psychologie und Pädagogik*. München: Reinhardt.

Laux, L. (1995). Die Integration idiographischer und nomothetischer Persönlichkeitspsychologie. In A. Kruse & R. Schmitz-Scherzer (Hrsg.), *Psychologie der Lebensalter*. Darmstadt: Steinkopff.

Laux, L. (2008). *Persönlichkeitspsychologie*. Stuttgart: Kohlhammer.

Lewin, M. (1979). *Understanding psychological research. The student researcher's handbook*. New York: Wiley.

Lienert & Raatz (1998): *Testaufbau und Testanalyse*. Weinheim: Beltz, PVU.

Little, R. J. A. & Rubin, D. B. (1987). *Statistical analysis with missing data*. New York, Wiley.

Lüdtke, O., Robitzsch, A., Trautwein, U. & Köller, O. (2007). Umgang mit fehlenden Werten in der psychologischen Forschung: Probleme und Lösungen. *Psychologische Rundschau, 58*, 103–117.

McCall, W. A. (1939). *Measurement*. New York: The Macmillan Company.

MacKinnon, D. P., Fairchild, A. J. & Fritz, M. S. (2007). Mediation analysis. *Annual Review of Psychology, 58*, 593–614.

McGuire, W. J. (1997). Creative hypothesis generating in psychology: Some useful heuristics. *Annual Review of Psychology, 48*, 1–30.

Mees, U. (1977). Einführung in die systematische Verhaltensbeobachtung. In U. Mees & H. Selg (Hrsg.), *Verhaltensbeobachtung und Verhaltensmodifikation* (S. 14–32). Stuttgart: Klett.

Mehl, M. R., Vazire, S., Ramirez-Esparza, N., Slatcher, R. B. & Pennebaker, J. W. (2007). Are women really more talkative than men? *Science, 317*, 82.

Mertens, W. (1976). *Sozialpsychologie des Experiments*. Stuttgart: Klett-Cotta.

Mey, G. & Mruck K. (Hrsg). (2010). *Handbuch Qualitative Forschung in der Psychologie*. Wiesbaden: VS-Verlag.

Moosbrugger, H. & Kelava, A. (2012). Qualitätsanforderungen an einen psychologischen Test (Testgütekriterien). In H. Moosbrugger & A. Keleva, (Hrsg.). *Testtheorie und Fragebogenkonstruktion* (S. 7 – 26). Berlin: Springer.

Mummendey, H. D. (2003). *Die Fragebogen-Methode* (4., unveränderte Aufl.). Göttingen:Hogrefe.

Nachtigall, C, Kröhne, U., Funke, F., & Steyer, R. (2003). (Why) Should We Use SEM? Pros and Cons of Structural Equation Modeling. *MPR-Online, 8*, 2, 1–22. URL http://www.dgps.de/fachgruppen/methoden/mpr-online/issue20/art1/mpr127_11.pdf (Zugriff 27. 11. 2011).

Orth, B. (1974). *Einführung in die Theorie des Messens.* Stuttgart: Kohlhammer.
Ortner, T. M., Horn, R., Kersting, M., Krumm, S., Kubinger, K. D., Schmidt-Atzert, L. et al. (2007). Standortbestimmung und Zukunft Objektiver Persönlichkeitstests. *Report Psychologie, 32 (2),* 60–69.
Ortner, T. M., Proyer, R. T., & Kubinger, K. D. (Hrsg.). (2007). *Theorie und Praxis objektiver Persönlichkeitstests.* Bern: Huber.
Pawlik, K. (2006). Psychologische Diagnostik I: Methodische Grundlagen. In K. Pawlik, (Hrsg.), *Handbuch Psychologie. Wissenschaft – Anwendung – Berufsfelder* (S. 555–562). Berlin: Springer.
Pines, M. (1979). Trotz alledem ... Die Psychologie der unverwundbaren Kinder. *Psychologie heute, 6,* 55–61.
Popper, K. R. (2001). *Logik der Forschung* (10. Aufl.) Tübingen: Mohr Siebeck.
Rasmussen, K. & O'Neill, R. (2006). The Effects of Fixed-Time Reinforcement Schedules on Problem Behavior of Children with Emotional and Behavioral Disorders in a Day-Treatment Classroom Setting. *Journal of Applied Behavioral Analysis, 39,* 453–457.
Raykov, T., & Marcoulides, G. A. (2006). *A first course in structural equation modeling* (2nd ed.). Mahwah, NJ: Erlbaum.
Reinecker, H. (1999). Einzelfallanalyse. In E. Roth & K. Heidenreich (Hrsg.), *Sozialwissenschaftliche Methoden. Lehr- und Handbuch* (4., durchges. Aufl., S. 267–281). München: R. Oldenbourg Verlag.
Renner, K.-H. (2002). *Selbstinterpretation und Self-Modeling bei Redeängstlichkeit.* Göttingen: Hogrefe.
Renner, K.-H. (2006). Cluster analysis. In V. Jupp (Ed.), *The SAGE Dictionary of Social Research Methods* (p. 28–29). London: Sage.
Renner, K.-H., Schütz, A. & Machilek, F. (Hrsg.). (2005). *Internet und Persönlichkeit. Differentiell-psychologische und diagnostische Aspekte der Internetnutzung.* Göttingen: Hogrefe.
Rosenthal, R. (1966). *Experimenter effects in behavioral research.* New York: Appleton-Century-Crofts.
Rosenthal, R. & Jacobson, L. (1968). *Pygmalion in the classroom.* New York: Holt, Rinehart & Winston.
Rost, D. (2007). *Interpretation und Bewertung pädagogisch-psychologischer Studien.* Weinheim: Beltz
Runyan, W. (1981). Why did van Gogh cut off his ear? The problem of alternative explanations in psychobiography. *Journal of Personality and Social Psychology, 40,* 1070-1077.
Rushton, J. E, Brainerd, C. J., & Pressley, M. (1983). Behavioral development and construct validity: The principle of aggregation. *Psychological Bulletin, 94,* 18–38.
Schäfer, T. (2010). *Statistik I: Deskriptive und Explorative Datenanalyse.* Wiesbaden: VS Verlag.
Schäfer, T. (2011). *Statistik II: Inferenzstatistik.* Wiesbaden: VS Verlag.

# Literaturverzeichnis

Schilling, G. (2006). *Angewandte Rhetorik und Präsentationstechnik. Der Praxisleitfaden für Vortrag und Präsentation*. Berlin: Autor.

Schleim, S. (2008). *Gedankenlesen. Pionierarbeit der Hirnforschung*. München: Heise.

Schlenker, B. R. & Leary, M. R. (1982). Social anxiety and self-presentation: A conceptualization and model. *Psychological Bulletin, 92*, 641–669.

Schnell, R., Hill, P. & Esser, E. (2008). *Methoden der empirischen Sozialforschung*. München: Oldenbourg.

Schuler, H. (1980). *Ethische Probleme psychologischer Forschung*. Göttingen: Hogrefe.

Sedlmeier, P. & Köhlers, D. (2001). *Wahrscheinlichkeiten im Alltag: Statistik ohne Formeln*. Braunschweig: Westermann.

Sedlmeier, P. & Renkewitz, F. (2008). *Forschungsmethoden und Statistik in der Psychologie*. München: Pearson.

Seligman, M. P. E. (2000). *Erlernte Hilflosigkeit*. Beltz: Weinheim

Shadish, W. R., Cook, T. D. & Campbell, D. T. (2002). *Experimental and quasi-experimental design for generalized causal inference*. Boston: Houghton-Mifflin.

Shoda, Y., Mischel, W. & Wright, J. C. (1994). Intra-individual stability in the organization and patterning of behavior: Incorporating psychological situations into the idiographic analysis of personality. *Journal of Personality and Social Psychology, 65*, 1023–1035.

Silvia, P. J. (2007). *How to write a lot. A practical guide to productive academic writing*. Washington, DC: American Psychological Association.

Stake, R. E. (1994). Case studies. In N. K. Denzin & Y. S. Lincoln, (Eds.), *Handbook of qualitative research* (pp. 236–247). London: Sage.

Stegmüller, W. (1973). *Probleme und Resultate der Wissenschaftstheorie und Analytischen Philosophie, Bd. 2, Theorienstrukturen und Theoriendynamik*. Berlin: Springer.

Stein, S. (1997). *Über das Schreiben*. Frankfurt am Main: Zweitausendeins.

Sternberg, R. J. (1993, September). How to win acceptance by psychology journals: 21 tips for better writing. *APS Observer*, URL http://www.csustan.edu/psych/todd/sternbrg.html (Zugriff 27. 11. 2011).

Stevens, S. S. (1951). Mathematics, measurement and psychophysics. In S. S. Stevens (Ed.), *Handbook of experimental psychology* (pp. 1–49). New York: Wiley.

Steyer, R. & Eid, M. (2001). *Messen und Testen*. Berlin: Springer.

Stiehm, M. (2003, 26. September). Unter manchen Umständen gedeiht unwissenschaftliches Verhalten. Interview mit Professor Bartram über Betrug in der Wissenschaft. *Thieme*. URL http://www.thieme.de/viamedici/medizinstudium/promotion/faelschung.html (Zugriff 27. 11. 2011).

Strauß, B. (1996). Quantitative Einzelfallanalysen – Grundlagen und Möglichkeiten. In E. Brähler & C. Adler (Hrsg.), *Quantitative Einzelfallanalysen und qualitative Verfahren* (S. 15–45). Gießen: Psychosozial-Verlag.

Strobel, A. & Westhoff, K. (2003). Rückmeldung zum freien wissenschaftlichen Vortrag: Ein Beitrag zur Verbesserung der Lehre. *Report Psychologie, 28*, 372–378.

Suppes, P. & Zinnes, J. L. (1963). Basic measurement theory. In R. D. Luce & E. Galanter (Eds.), *Handbook of mathematical psychology*. Vol. 1 (pp. 1–76). New York: Wiley.

Thagard, P. (2005). *Mind. Introduction to Cognitive Science*. London: MIT.

von Werder, L. (1994). *Wissenschaftliche Texte kreativ lesen*. Schibri-Verlag.

Vorberg, D. & Blankenberger, S. (1999). Die Auswahl statistischer Tests und Maße. *Psychologische Rundschau, 50,* 157–164. URL http://www.psych.uni-halle.de/abteilungen/allgemeine_psychologie/mitarbeiter/blankenberger/entscheidungsbaum/ (Zugriff 27. 11. 2011).

Wentura, D. & Pospeschill, M. (in Vorbereitung). *Multivariate Statistische Verfahren*. Wiesbaden: VS Verlag.

Westhoff, K. (1999). *Der freie wissenschaftliche Vortrag – Kunst oder Handwerk?* URL http://tu-dresden.de/die_tu_dresden/fakultaeten/fakultaet_mathematk_und_naturwissenschaften/fachrichtung_psychologie/i2/diagnostische/mitarbeiter/publikationen2/publikationen_karl_westhoff/pub_karl_wetshoff_dateien/103.pdf (Zugriff 27. 11. 2011)

Westmeyer, H. (1996). Wissenschaftstheoretische Grundlagen der Einzelfallanalyse. In F. Petermann (Hrsg.), *Einzelfallanalyse* (3. Aufl., S. 18–35). München: Oldenbourg.

Windelband, W. (1894). *Geschichte und Naturwissenschaft*. Straßburg: Heitz.

Will, H. (1997). *Mini-Handbuch Vortrag und Präsentation. Für Ihren nächsten Auftritt vor Publikum* (2., völlig überarb. Aufl.). Weinheim: Beltz.

Willig, C. (2001). *Introducing qualitative research in psychology. Adventures in theory and method*. Buckingham: Open University Press.

Wolfradt, U. & Doll, J. (2005). Geschlecht und Persönlichkeit als Prädiktoren der Internetnutzung. In K.-H. Renner, A. Schütz & F. Machilek (Hrsg.), *Internet und Persönlichkeit* (S. 148–158). Göttingen: Hogrefe.

Woodworth, R. S. (1928). Dynamic psychology. In C. Murchison (Ed.), *Psychologies of 1925* (pp. 111–126). Worcester, MA: Clark University Press.

Yin, R. K. (2009). *Case study research. Design and methods*. London: Sage.

Zuschlag, B. (2002). *Das Gutachten des Sachverständigen: Rechtsgrundlagen, Fragestellungen, Gliederung, Rationalisierung*. Göttingen: Hogrefe.

# Sachwortverzeichnis

## A
ABAB-Designs 111
Abbildung
   homomorphe 48
AB-Design 111
Absolutskala 50, 54
Abstract 120, 126
Aggregat-Hypothesen 26
Aggregation 114
Aggregationsprinzip 97
Ähnlichkeit
   proximale 81
Alltagsbeobachtung 61
Alltagspsychologie 11, 12
alltagspsychologische Fehler 13
Alternativhypothese 37
American Psychological Association (APA) 123
Anhang 121
APA. Siehe American Psychological Association
Äquidistanz 52
Arbeiten
   wissenschaftliches 120
Assessment
   ambulantes 27
Assoziationen 90
Aufforderungscharakter 85
Augenscheinvalidität 59
Ausreißer 36
Axiom 48

## B
Balancieren 88

BDP. Siehe Berufsverband Deutscher Psychologinnen und Psychologen
Bedeutsamkeitsproblem 49
Bedingungen
   multiple 91
Begriffe
   theoretische 17
Begrüßung 128
Beobachtertraining 62
Beobachtung
   Alltagsbeobachtung 61
   Fremdbeobachtung 62
   Selbstbeobachtung 62
   Verhaltensbeobachtung 61
Beobachtungseinheit 62
Berufsverband Deutscher Psychologinnen und Psychologen (BDP) 133
between-subjects-designs 74
Beurteilungseinheiten 63
Beziehungen
   kausale 89, 99
Bezugssystem 60
biochemische Messgrößen 65
Blindversuch 85

## C
Chair 127
Codierung 33
Cronbach-Alpha-Koeffizient 58

## D
Datenaufbereitung 33
Datenbereinigung 33
Datenerhebung 32

Debriefing 135
demand characteristics 85
Designs 67
  between-subjects-designs 74
  experimentelle 28, 67
  Längsschnittdesign 92
  mehrfaktorielle 90
  Querschnittdesign 92
  within-subjects-design 74
Deutsche Forschungsgemeinschaft (DFG) 135
Deutsche Gesellschaft für Psychologie (DGPs) 123
DFG. *Siehe Deutschen Forschungsgemeinschaft*
DGPs. *Siehe Deutsche Gesellschaft für Psychologie*
Diagnostik 63
  psychophysiologische 65
diagnostische Verfahren 77
Dimension 97
Diskussion 40, 121, 127, 129
Doppelblindversuch 87, 134

**E**
Effekte
  direkte 99
  indirekte 98
Eichstichprobe 56
Eindeutigkeitsproblem 48
Einleitung 120, 129
Einstellungsänderung 68
Einzelfall-Designs
  quasiexperimentelle 104, 110
Einzelfalldiagnostik 46
  psychometrische 104, 109
Einzelfallstudie 26, 29
  als Operationalisierungshilfe 108
  als Vorstudie 108
  bei seltenen Phänomenen 108
  qualitative 104, 112
  Typen von Designs für qualitative -n 112
  zur Illustration 108

elektrophysiologische Registriermethoden 65
empirischer Gehalt 27
empirisches Relativ 48
Ergebnisteil 121
Erwartungen der Versuchsperson 85
Erwünschtheit
  soziale 64
ethische Richtlinien 133
Evaluation 73
Experiment 68, 71, 85
  echtes 73
  Feldexperiment 73, 74
  Gedächtnisexperiment 74
  Laborexperiment 73, 74
  mehrfaktorielles 74, 75
  Quasi-Experiment 73
  zweifaktorielles 75
Experimentalgruppe 72
experimentelle Designs 28, 67
experimentelle Methode 89
experimenteller Faktor 75
Exploration 63
  theoriebasierte 23
explorative Faktorenanalyse 97
Extremwerte 36

**F**
Fachzeitschrift 120
Faktor 97
  experimenteller 75
  Messwiederholungsfaktors 76
Faktorenanalyse
  explorative 97
  konfirmatorische 97
Faktorenstruktur 97
Faktorstufen 75
Falsifikation 18
Fehler
  alltagspsychologischer 13
  beim alltagspsychologischen Umgang mit Wahrscheinlichkeiten 14

# Sachwortverzeichnis

Fehlverhalten 136
Feldbedingungen 73
Feldexperiment 73, 74
Feldstudie 31
Forschungsansatz 28
Forschungsmethode
    Experiment als 71
Forschungstagebuch 23
Fragebogen 64
Fremdbeobachtung 62

## G

Gedächtnisexperiment 74
Gelegenheitsstichproben 29
Generalisierbarkeit 80
Gesamt-Score 96
Geschehen
    zwischenzeitliches 88
Gesetz der großen Zahl 39
gesetzliche Rahmenbedingungen 131
Grenzwerttheorem, zentrales 39
Größenmessung 49
Grundgesamtheit 80
Grundgesetz 131
Gültigkeit 77
Gütekriterium 55, 56, 58, 78
    Hauptgütekriterien 60
    Nebengütekriterien 60
    Objektivität 56, 58
    Reliabilität 57, 58
    Validität 60, 77

## H

Haupteffekt 75, 77
Hauptgütekriterien 60
Herausgeberwerk 119
Heuristik 23
homomorphe Abbildung 48
Hypothesen 17, 67, 81
    Aggregat-Hypothesen 26
    Alternativhypothese 37
    hypothetische Konstrukte 17

idiographische 107
in Einzelfall-Untersuchungen 26
Kausalhypothese 26
Moderator-Hypothesen 95
Nullhypothese 37
pseudosinguläre 107
singuläre 26
statistische 37
unbestimmte Existenzhypothesen 107
Unterschiedshypothesen 26, 71
Veränderungshypothesen 26, 71
Zusammenhangshypothesen 26
hypothetische Konstrukte 17, 60, 67, 99

## I

Idiografie 103
Impact Factor 121
Impulsivität 64
Indexsystem 62
Indikator 17, 54
Inferenzstatistik 37
informed consent 134
Inhaltsvalidität 58
Intelligenzquotient 46
Interaktion 86
Interaktionseffekt 75, 76, 78, 94
Internetforschung 93
Interpretation
    subjektive 63
Intervallskala 50, 52
Interventionsmaßnahmen 73
Interventionsmethoden 19
Interventionsstudie 75
Interview 63
Intransitivität 48
Item 96

## K

Kategoriensystem 62
kausale Beziehungen 89, 99
Kausalhypothese 26

Klassische Testtheorie (KTT)  55
Koeffizient  57, 91
   Cronbach-Alpha-Koeffizient  58
   Korrelationskoeffizient  92
konfirmatorische Faktoren-
   analyse  97
Konfundierung  82
Königsweg  71
Konstanthalten  87
Konstrukte  57, 58
   hypothetische  17, 60, 67, 99
Konstruktvalidität  59, 60, 81
Kontrollgruppe  72
Korrelation
   bivariate  94
Korrelationsfalle  106
Korrelationsforschung  28, 90
Korrelationskoeffizient  92
   multipler  94
korrelativer Zusammenhang  90
Korrespondenzregel  99
Kriterium  93
Kriteriumsvalidität  59
Kriteriumsvariable  95
Künstlichkeit  82

## L

Laborexperiment  73, 74
Laborsituation  74
Längsschnittdesign  92
Längsschnittstudie  90
latente Variable  17, 97
Lehrbuch  119
Lernen
   selbstreguliertes  69, 75
Lexika  119
LISREL  36
Literaturverzeichnis  121

## M

Manuskript  120
Maßeinheit  50, 54
Matching  84

Mediatorkonzept  98
Mediator-Variable  95
Mehrdeutigkeit von Wörtern  13
mehrfaktorielles Design  90
mentale Repräsentation  62
„Mere-Exposure"-Effekt  68
Merkmale
   ordinalskalierte  51
Merkmalsausprägung  47
Messbarkeit  45
Messen  47
Messgenauigkeit  57
Messgrößen
   biochemische  65
Messinstrument  47
Messintention  55
Messmodell  99
Messtheorie  47
Messung  47
   Größenmessung  49
Messwert  49, 64
Messwiederholung  77
Messwiederholungsfaktor  76
Metapher  24
Methoden
   der Datenerhebung  16
   experimentelle  89
Methodenteil  120
Mittelwertsfalle  106
Mixed Methods-Ansätze  104, 115
Moderator-Hypothese  95
Moderator-Variable  95
molare Treatments  79
Monographie  119
Mplus  36
Müller-Lyer-Täuschung  13
multi-methodale Erfassung  61
multiple Bedingungen  91
multiple Regressionsanalyse  94

## N

Nebengütekriterien  60
Nominalskala  50

# Sachwortverzeichnis

Nominalskalenniveau 49
nomologisches Netzwerk 60
Nomothetik 103
Normierung 60
Normalverteilung 39
Nullhypothese 37
numerisches Relativ 48

## O

objektive Tests 64
Objektivität 28, 56, 57, 58
Operationalisierung 26, 46, 67
Ordinalskala 51
Ordinalskalenniveau 52

## P

Paradigma
  kognitionspsychologisches 96
  qualitatives 21, 115
  quantitatives 115
Parallelisieren 84
Paralleltestmethode 57
Parameter 35
  Populationsparameter 37
peer review 42
Peer-review-Verfahren 120
Persönlichkeitsmerkmal 56, 64, 89
Persönlichkeitstest 64
Pfadanalyse 98, 99, 100
Pfadmodell 98
Plagiarismus 124
Plagiat 136
Populationsparameter 37
Positionseffekt 87
Poster 42, 119, 129
Poster Session 129
Prädiktor 93, 94
Prädiktorvariable 95
Präsentieren 119
Pretestunterschiede 73
Primacy- und Recency-Effekt 14
Privatgeheimnis 132
Probanden 29

proximale Ähnlichkeit 81
Psychologie als Wissenschaft 16
psychologische Konstrukte 47
psychometrische Einzelfalldiagnostik 109
psychophysiologische Diagnostik 65
PsycINFO 25
PSYNDEX 25
Publication Manual 123
Publikation 119
Publizieren 119
Pygmalion-Effekt 16. *Siehe auch* Rosenthal-Effekt

## Q

Qualifikationsarbeiten 122
qualitatives Paradigma 21, 115
quantitatives Paradigma 115
Quasi-Experiment 73
Quellenangaben 124
Querschnittdesign 92

## R

R 36
Rahmenbedingungen
  gesetzliche 131
Randomisierung 72, 73, 83
Rangreihe 51
Rangskala 50
Rating-Skala 52, 53
Reaktionszeit 53
Reduktion 97
Reflexivität 64
Regressionsanalyse
  multiple 94
Reifungsprozess 88
Relativ
  empirisches 48
  numerisches 48
Reliabilität 28, 57, 58
  Retest-Reliabilität 58
Replikationen 114
Repräsentation
  mentale 62

Repräsentationsproblem 48
Retest-Reliabilität 58
Retrognose 113
Richtlinien 123
 ethische 133
Rosenthal-Effekt 16, 86. *Siehe auch Pygmalion-Effekt*

## S

Schlussfolgerung 78
Schreibblockade 125
Schreibübung 125
Schulnoten 51
Selbstbeobachtung 62
Selbsteinschätzung 56
selbstreguliertes Lernen 69, 75
Selbstwirksamkeitserwartungen 69
Setting 31, 80
Signifikanz 38
Signifikanztest 37
singuläre Hypothesen 26
Skala 49
 Absolutskala 50, 54
 Intervallskala 50, 52
 Nominalskala 50
 Ordinalskala 51
 Rangskala 50
 Rating-Skala 52, 53
 Verhältnisskala 50, 53
Skalenniveau 47, 49, 50, 79, 92
Skalenwerte 34
S-O-R-Modell 96
soziale Erwünschtheit 64
Sozio-Ökonomisches Panel (SOEP) 30
SPSS 34
Stabilität 56, 58
Standardnormalverteilung 39
Standardisierung
 Tests 57
 Interview 63
 Treatment 32
 Standards 123

Stanford-Prison-Experiment 132
Statistik 34
 deskriptive 36
 explorative 36
 Inferenzstatistik 37
 robuste 36
Statistik-Software 35
 LISREL 36
 Mplus 36
 R 36
 SPSS 34, 36
statistische Hypothesen 37
Stichprobe 83
 Eichstichprobe 56
 Gelegenheitsstichproben 29
 Zufallsstichprobe 39
Stichprobenkennwerte-Verteilungen 38
Stichprobenstatistiken 35
Stochastik 35
Störvariable 68, 72, 78, 82, 86, 89
 situationsbezogene 87
 Versuchsleiter als 86
Strukturgleichungsmodell 98, 99, 100
Strukturmodell 99
Stufen 75
 Faktorstufen 75
subjektive Interpretation 63
subjektive Wertung 63

## T

Täuschung 134
Test
 objektiver 64
 Persönlichkeitstest 64
 psychologischer 55
Testaufgabe 96
Test-Gütekriterien 28
 Objektivität 28
 Reliabilität 28
 Validität 28
Testmanual 57

# Sachwortverzeichnis

Testtheorie 46
   Klassische (KTT) 55
   probabilistische 55
   theoretische Begriffe 17
Theorie 17
   Messtheorie 47
   Wahrscheinlichkeitstheorie 35
theoriebasierte Exploration 23
„Tools-to-Theories"-Heuristik 24
Training 86
   Wirksamkeit eines -s 86
Trainingseffekt 88
Transformation 49, 51
Transitivität 48
Treatment 30, 70, 72, 80, 81, 83
   molares 79
Triangulationsprinzip 112

## U
Überblick 129
Übertragungseffekt 87
Umgang mit fehlenden Werten 34
unbestimmte Existenzhypo-
   thesen 107
Unterschiedshypothese 26, 71
Untersuchungsbedingungen 80, 83

## V
Validierungsprozess 60
Validität 28, 58, 59, 60, 77
   Augenscheinvalidität 59
   diskriminante 60
   divergente 60
   externe 80, 82
   Inhaltsvalidität 58
   interne 78, 82
   konkurrente 59
   Konstruktvalidität 59, 60, 81
   konvergente 60
   prädiktive 59
   prognostische 59
   statistische 79

Variablen
   abhängige 71, 80
   kategoriale 51
   Kriteriumsvariable 95
   latente 17, 97
   Mediator-Variable 95
   mediierende 98
   Moderator-Variable 95
   Prädiktorvariable 95
   qualitative 51
   Störvariable 68, 72, 78, 82, 86, 89
   unabhängige 71
Verallgemeinerbarkeit 80
Veränderungshypothesen 26, 71
Verfahren
   diagnostische 77
Verhaltensbeobachtung 61
   wissenschaftliche 61
Verhaltensbeurteilung 62
Verhältnisskala 50, 53
Vermengung 82
Versuchsleitererwartungseffekt 86
Versuchsperson 83, 85
   Erwartungen der 85
Versuchsplan 67
Vortrag 42, 119, 126, 127

## W
Wahrheit 78
Wahrscheinlichkeitstheorie 35
Weber-Fechnersches Gesetz 45
Wertung
   subjektive 63
wissenschaftliches Arbeiten 120
Within-subjects-Design 74, 87

## Z
Zeichensystem 62
Zeitschriften 123
zentrales Grenzwerttheorem 39
Zielklärung 129
ZPID 25
Zusammenfassung 120, 129

Zusammenhang 91
  Art des -s 91
  deterministischer 91
  empirischer 100
  faktorieller 96
  inkonsistenter 96
  kanonischer 93
  korrelativer 90, 99
  mittlerer 92
  multivariater korrelativer 93
  Richtung eines -s 91
Zusammenhangshypothesen 26, 90
  bivariate 90
  gerichtete 90
  ungerichtete 90

# Basiswissen Psychologie

Ulrich Ansorge / Helmut Leder
**Wahrnehmung und Aufmerksamkeit**
2011. 152 S. Br. EUR 14,95
ISBN 978-3-531-16704-6

Christian Bellebaum / Patrizia Thoma / Irene Daum
**Neuropsychologie**
2011. ca. 120 S. Br. ca. EUR 12,95
ISBN 978-3-531-16827-2

Reinhard Beyer / Rebekka Gerlach
**Sprache und Denken**
2011. ca. 181 S. Br. EUR 16,95
ISBN 978-3-531-17135-7

Hede Helfrich
**Kulturvergleichende Psychologie**
2011. ca. 120 S. Br. ca. EUR 14,95
ISBN 978-3-531-17162-3

Walter Herzog
**Wissenschaftstheoretische Grundlagen der Psychologie**
2011. ca. 120 S. Br. ca. EUR 14,95
ISBN 978-3-531-17213-2

Thomas Gruber
**Gedächtnis**
2011. 144 S. Br. EUR 14,95
ISBN 978-3-531-17110-4

Andrea Kiesel / Iring Koch
**Lernen**
Grundlagen der Lernpsychologie
2011. ca. 120 S. Br. ca. EUR 12,95
ISBN 978-3-531-17607-9

Bernd Marcus
**Personalpsychologie**
2011. 156 S. Br. EUR 12,95
ISBN 978-3-531-16723-7

Malte Mienert / Sabine Pitcher
**Pädagogische Psychologie**
Theorie und Praxis des Lebenslangen Lernens
2011. 150 S. Br. EUR 14,95
ISBN 978-3-531-16945-3

Klaus Rothermund / Andreas Eder
**Motivation und Emotion**
2011. ca. 216 S. Br. EUR 19,95
ISBN 978-3-531-16698-8

Erich Schröger
**Biologische Psychologie**
2011. 142 S. Br. EUR 12,95
ISBN 978-3-531-16706-0

Alexandra Sturm / Ilga Opterbeck / Jochen Gurt
**Organisationspsychologie**
2011. ca. 158 S. Br. EUR 14,95
ISBN 978-3-531-16725-1

Erhältlich im Buchhandel oder beim Verlag.
Änderungen vorbehalten. Stand: Juli 2011.

Einfach bestellen:
SpringerDE-service@springer.com
tel +49 (0)6221 / 3 45 – 4301
springer-vs.de

# Methoden

Christian Geiser
**Datenanalyse mit Mplus**
Eine anwendungsorientierte Einführung
2., durchges. Aufl. 2011. ca. 300 S.
mit CD-Rom. Br. EUR 34,95
ISBN 978-3-531-18002-1
Praxisnah, mit zahlreichen Beispielen, Probedatensätzen und Abbildungen führt der Autor Schritt für Schritt in die Grundlagen der Handhabung von Mplus (Version 5) ein, und beschreibt die Anwendung grundlegender Analyseverfahren. Dabei werden nicht nur konventionelle Strukturgleichungsmodelle, sondern auch Strukturgleichungsmodelle der Veränderungsmessung sowie Mehrebenenregressionsmodelle und Latent-Class-Analysen besprochen.

Karl-Heinz Renner / Timo Heydasch / Gerhard Ströhlein
**Forschungsmethoden der Psychologie**
Von der Fragestellung zur Präsentation
2011. ca. 120 S. (Basiswissen Psychologie)
Br. ca. EUR 12,95
ISBN 978-3-531-16729-9
Warum soll man sich in der Psychologie mit Forschungsmethoden auseinandersetzen? Wie können Hypothesen für empirische Untersuchungen gewonnen werden? Wie kann man psychische Phänomene messen? Warum werden in der Psychologie Experimente durchgeführt? Das Buch liefert Antworten auf diese und viele andere Fragen und führt in verständlicher, übersichtlicher Form in die Forschungsmethoden der Psychologie ein.

Günter Mey / Katja Mruck (Hrsg.)
**Grounded Theory Reader**
2., akt. und erw. Aufl. 2011. ca. 468 S.
Geb. EUR 39,95
ISBN 978-3-531-17103-6
Der „Grounded Theory Reader" bietet einen Überblick über die Entwicklung und den aktuellen Stand der Grounded-Theory-Methodologie, die international am weitesten verbreitete qualitative Forschungsstrategie.

Thomas Schäfer
**Statistik I**
Deskriptive und Explorative Datenanalyse
2010. 134 S. (Basiswissen Psychologie)
Br. EUR 14,95
ISBN 978-3-531-16939-2
Wozu braucht man überhaupt Statistik? Warum ist die Psychologie eine Wissenschaft? Lassen sich menschliches Erleben und Verhalten wirklich messen? Und wenn ja, auf welche Weise? Das Buch führt in die statistische Darstellung und Beschreibung von Daten ein und beantwortet diese und viele andere Fragen anhand von praktischen Beispielen. Die wichtigsten Möglichkeiten zur Aufbereitung und Visualisierung von Daten in Tabellen, Abbildungen und statistischen Kennwerten werden vorgestellt.

Erhältlich im Buchhandel oder beim Verlag.
Änderungen vorbehalten. Stand: Juli 2011.

Einfach bestellen:
SpringerDE-service@springer.com
tel +49 (0)6221 / 3 45 – 4301
springer-vs.de